KOOPERATIBEN JABETZA. Bazkideak kooperatiben agintean

Adrian Zelaia Ulibarri

Laguntzaileak:
Jaione Arieta-araunabeña Alzaga
Blanca Gamboa Uribarren

Udako Euskal Unibertsitatea
Bilbo, 2008

ISBN: 978-84-8438-176-1
Lege-gordailua: BI-3103-08

Inprimategia: CUATROAS, Bilbo
Azalaren diseinua: Iñigo Ordozgoiti
Hizkuntza-zuzenketen arduraduna: Ander Altuna Gabiola

Banatzaileak: UEU. Erribera 14, 1. D BILBO telf. 946790546 Faxa. 944793039
Helbide elektronikoa: argitalpenak@ueu.org
www.ueu.org

Elkar Banaketa: Igerabide, 88 DONOSTIA

Ane, Adrian eta Jon Anderreri

Aurkibidea

1. Bazkideak kooperatibetan

1.1. BAZKIDEEN PARTAIDETZA PERTSONALISTA ETA BERDINTZAILEA

Bazkide hitza aipatzean, honako bi eskubide formal hauek dituzten pertsonez ari gara: enpresa kontrolatu edo zaintzeko eskubidea eta enpresaren etekina edo «gaindikinak diren irabaziez» jabetzeko (Hansmann, 2000: 11) eskubidea dituzten pertsonez.

Bazkideon eskubide horiek kooperatiban egindako diru-ezarpenen araberakoak ez izatea kooperatiben oinarrizko ezaugarria da.

Bazkideak kooperatiban duen kokapenaren berezko ezaugarriak[1] aztertzeko, Manchesterren ICA[2]k azaldu zuen Kooperatiben Izaerari buruzko Adierazpena erabil dezakegu, eta, zehazki, adierazpen horretan azalduriko *kooperatiba*ren kontzeptua:

> Kooperatiba gizakien elkarte berjabea da, beraien ekonomi, gizarte eta kultur arloko behar eta nahiak asetzeko borondatez bildurik, baterako jabetza eta kudeaketa demokratikoa dituen enpresa baten bidez.

Manchesterreko adierazpenaren beste alderdiak ere interesgarriak dira enpresaren agintearen ikuspegitik. Batez ere, bigarren oinarri-irizpidea:

> BIGARREN OINARRI-IRIZPIDEA: BAZKIDEEN KUDEAKETA DEMOKRATIKOA
>
> Bazkideek demokratikoki kudeaturiko erakundeak dira kooperatibak. Bazkideek aktiboki hartzen dute parte kooperatibaren politiketan eta erabakiak hartzean. Kooperatibak ordezkatu eta kudeatzeko aukeraturiko gizon eta emakumeak erantzuleak dira bazkideen aurrean. Lehen mailako kooperatibetan bazkide orok du boto-eskubide bera (bazkide bakoitzak boto bat), eta bestelako kooperatibak ere era demokratikoan daude antolatuta.

---

1. Kooperatiben funtsezko berezitasunak zehazteko, legearen arlotik harago joan behar dugu. Kooperatibak diren enpresek Kooperatiba Elkartearen bidez lortzen dute legearen babesa, kapital-erakundeetan ohikoa denaren oso ezberdina den lege-egitura baten bidez. Hala ere, ez da horrela izaten kasu guztietan ezta herri guztietan ere. Askotan, herri bakoitzean sozietate-egitura ezberdinak erabiltzen dituzte kooperatibek eta, herri eta egoera askotan, beste motatako lege-egiturak erabiltzen dituzte (kapital-sozietateak, elkarteak, etab.). Lege-egitura horietan, tresna juridiko batzuen bitartez, kooperatiben berezko helburuek beharrezkoak dituzten egokitzapenak ezartzen dira.

2. ICA: International Co-operative Alliance.

Kudeaketa demokratikoaren oinarri-irizpide hau guztiz onartua da kooperatiben legedian. Ikusiko dugunez, oinarri-irizpide honen ezarpenaren mamia bazkideak kooperatiban duen partaidetza egituratzean datza:

a. Kapital-izaera ez duen partaidetza moduan, boto-eskubidea ez dagokio ezarritako kapitalari.

b. Partaidetza berdintzailean, boto-eskubidea pertsona-irizpideen arabera banatzen da baina, gainera, bazkide guztien artean modu orekatuan banatzen da. Irizpide honen muturreko adierazpen gisa «bazkide bakoitzak boto bat» oinarri-irizpidea dugu[3].

Oinarri-irizpideok, errealitatean, kapital-izaera ez duten eta irizpide berdintzaileetan oinarritzen diren enpresa gehienei dagozkie (mutualitateak, aurrezki-kutxak, enpresa-jarduera duten elkarteak, etab.).

Oinarri-irizpide demokratiko honek, ikusiko dugunez, oinarri ideologiko bi ditu. Alde batetik, lan-balioaren teoria, aberastasunaren benetako sortzailea lana delakoan. Bestetik, azken bi mendeotan Mendebaldeko herrietan gero eta zabalduago dagoen ideologia berdintzailea enpresan ezartzea (Ballestero, 1990: 195). Ahaztu gabe, jakina, kapital-izaera ez duten erakunde guztien korporazio-aginteak —ikusiko dugunez— arau berdintzaileak sustatzen dituela, bai ekonomia-arloan, baita sozietate-arloan ere.

Lan-balioaren teoriak, berez, ez du oinarritzen «bazkide bakoitzak boto bat» oinarri-irizpidean azaltzen den irizpide berdintzailea. Aberastasunaren benetako sortzailea lana bada, pertsona bakoitzak aberastasuna sortzeko ematen duena bere lan-ekarpenarekin dago loturik, eta lan-ekarpen horrek ez du zertan berdina izan pertsona guztiengan. Beraz, irizpide berdintzailea eta lan-balioaren irizpidea kontrajarriak ere izan daitezke. Hauxe izan daiteke, orobat, kooperatiben errealitatean —eta legedian— boto plurala[4] delakoaren inguruan etengabe sortu den eztabaidaren oinarri ideologikoa[5].

---

3. E. Ballestero-ren ustez, *demokratiko* hitza «izaera politiko-berdintzailea duen aginte motari dagokio; hau da, bazkide orok zaintza gauzatzeko eskubide bera du, nahiz eta enpresan duen ekonomia-partaidetza oso txikia izan».

4. Alderantziz, E. Ballestero-k (1990: 195), gure ustez okertuta, hauxe uste du boto pluralaren filosofiari buruz: «Oinarrian (sozietate anonimoetan) ezarritako kapitalaren araberako botoaren berdina da. Bai batean zein bestean, hauxe uste da: bazkideek modu erantzuleagoan jokatzen dutela sozietateetan partaidetza handiagoa izanez gero eta jarduerak porrot eginez gero galtzeko gehiago badute».

5. E. Ballestero-k (1990: 195) arrazoi pragmatikoak aipatzen zituen: «Boto pluralaren abantailak erantzukizuna handitzea eta, antzeko arrazoiengatik, arrazionaltasuna eta eraginkortasuna handitzea ere badira. Beraz, filosofia honen ondorioa boto-eskubidea berdintzailea ez den banaketaren arabera banatzea da, erabakietan parte-hartzaileagoak diren bazkideei pisu handiagoa emanez».

Dakigunez, kooperatiben legedi askotan, boto plural mugatua onartzen da «bazkide bakoitzak boto bat» irizpidea «bazkide bakoitzak gutxienez bat eta gehienez hiru/bost boto izango ditu» irizpidearen truke ordezkatuz; adibidez, bakoitzak egindako lan-ekarpenaren arabera. Gainera, kooperatiben errealitatean kasu askotan erabili dira neurrizko boto pluralaren irizpideok[6]. Oro har, boto pluralari ezarritako mugak mota honetakoak dira (Ballestero, 1990: 195):

a. Bazkideko gehienezko boto kopurua.

b. Bazkideko botoen gehienezko ehunekoa

c. Boto plurala duten bazkide guztien artean bildu dezaketen gehienezko ehunekoa.

Bestaldetik, boto pluralaren aurkako argudioak arlo politiko-demokratikoan erabilitakoen antzekoak dira eta bertan, dakigunez, boto berdintzailea, azkenean, behin betiko garaitu zitzaien aurreko beste sistema guztiei (Ballestero, 1990: 196).

1.2. BAZKIDEAREN MOTIBAZIOA: KOOPERATIBAREN EGITURA ETA AGINTEAREN GAKOA

Gainerako erakundeetan bezala, kooperatiben antolaketa-egituraren diseinuaren gakoa kooperatibaren ingurumenaren eta kooperatibako *stakeholder*ren (sortzaileak, bazkideak, langileak, etab.) banako jokaeraren arteko harremanetan datza.

Gure azterketaren esparruan ere, oinarrizkoa da enpresarekin harremanetan dauden giza talde guztietako norbanakoen jokaeran eragiten duten aldagaiak aztertzea eta, batez ere, bazkideena[7].

Kooperatibetan berezko zailtasunak daude azterketa hauek egiteko, bazkideen eta stakeholderren arteko bat-egitearen ondorioz. Horrela, motibazio bikoitza topatzen dugu —bazkide gisa eta jarduerako parte-hartzaile gisa, eta batzuetan diruezarle gisa ere— eta horren sustraiak eta ondorioak ez dira argitzeko errazak izaten.

Bazkideen banako motibazioen azterketa, askotan, ilundu egiten da kooperatibetan taldeko —eta, batzuetan, ideologia-arloko— motibazioak baino ez direlako kontuan hartzen. Horrela, zenbaitetan, bazkideen benetako motibazioen azterketaren ordez, «izan beharko liratekeen» motibazioen azalpena baino ez dugu.

Gizarte Zientziek, oro har, duten sendotze zientifikorik ezaren ondorioz, nabarmen errazten da ekonomia-azterketa jarrera alderdikoien menpe jartzea. Tamalez, bereziki larria da hau kooperatiben kasuan. Alde batetik, enpresen azterketan

6. Horrela gertatu zen, adibidez, Arrasateko Kooperatiben Entseguaren jatorrian.

7. «Ekonomian, baita gainerako Gizarte Zientzietan ere, norbanakoen jokabidetik taldeko jokabidera igarotzean datza oinarrizko azterketa-arazoa» (Wilson, 1998: 297).

adituek kooperatibak ezagutzen ez dituztelako. Bestetik, kooperatibei buruz egindako ikerlan gehienak *kooperatiben alde* daudelako eginak, beraien aldeko tesiak babesteko aldez aurreko jarrera izanda, beste motatako erakundeekin alderaketak egiteko gogo edo gaitasunik ezarekin. Kooperatiben etorkizunerako ez da batere lagungarria kooperatibagintzaren motibazio-oinarrien azterketa ia-erlijioso hau.

Kooperatiben sortzaileek izan dituzten motibazio *idealistak* benetako aitzakia izan dira aztertzaileek gizakien jokabideak aztertzeko orduan izan duten seriotasunik eza oinarritzeko. Askotan, norbanakoen motibazioak, taldeko motibazioen sustrai nabaria izanik, aztertu ere ez dira egiten.

Kooperatiben teoriko askok ziurtzat jotzen dituzten motibazio *altruistak*[8] ez datoz bat kooperatiben errealitatearekin, bertan motibazio *errealistek* funtsezko garrantzia dutela, momentu eta inguru zehatzak alde batera utzita.

Gauzak ez dira nahastu behar. Motibazio *altruista* edo *indibidualista* hutsak gabe, lankidetza, ziur asko, motibazio *kooperatzaile*ekin dago loturik. Bertan, taldeko enpresa-jarduera gehiago oinarritzen da sen kooperatzailean banako sen indibidualista hutsean baino. Hala ere, ez dugu ahaztu behar sen kooperatzaile hori giza taldearen *baterako interes*ean oinarritzen dela, ez dela banako interesari uko egite hutsa, banako interesa baterako interesaren bitartez bideratzea baizik.

Hala ere, bai kooperatiba berriak eratzeko orduan, baita lanean daudenak garatzeko orduan ere, ezinezkoa da kooperatiben egituraren azterketetan aurreratzea banako eta taldeko jokabideen motibazioetan gehiago sakondu gabe.

Ekonomistek gero eta gehiago onartzen dute jokabideen azterketa zientifikoa ekonomia-azterketetan ezartzeko beharra. Horrela, Gary S. Becker-ek berak, aukera arrazionalen oinarri-irizpidea abiapuntu gisa onartuta, hasierako «nahi»en kontzeptua ere kontuan hartzeko beharra onartzen zuen, non nahi horiek ez diren bakarrik «banako interes mugatuak», baizik eta beste mota bateko nahi «altruistak, leialak, gaiztoak eta masokistak» ere (Wilson, 1998: 298, 299).

Soziobiologiaren arloko garapenetan ere «aukeratze arrazionalaren teoriak», ekonomistek betidanik onartuak, zalantzan jarri dira. Behin baino gehiagotan arrazionaltasun hutsaren aurka jokatzen dute pertsonek, modu instintiboan, aukeratze «irrazionalak» sortuz (Wilson, 1998: 306).

Argi eta garbi onartzen badugu kooperatiben antolaketa eta agintearen azterketak pizgarri edo faktore motibagarriak kontuan hartu behar dituela, lankidetzaren etorkizunak azterketa hori bi norabide hauetatik bideratu behar du:

8. Ezin da ukatu motibazio *espiritualak* edo *erlijiosoak* ere funtsezkoak izan direla entsegu kooperatibo zehatzetan.

- Lehena. Zein gai hartu behar dute kontuan kooperatiben egiturak eta aginteak faktore ekoizleekiko jokabide eraginkorraren bidez lanean dauden kooperatiben garapena ziurtatzeko?
- Bigarrena. Zeintzuk izan behar dira kooperatiben egitura eta agintearen ezaugarriak kooperatiba berrien sorrera sustatzeko?

Azterketarako bigarren ildo hori azpimarratzekoa da. Kooperatiben sorrera pizteak une honetan bazkide ez direnen motibazioak ere aztertzea eskatzen du (eta, ezer baino lehen, pizgarri egokirik ezaren ondorioz edo beste motatako lege-egiturak aukeratzearen ondorioz dagoen kooperatiben esparrutik at).

Hemendik aurrera, ezarritako galderei oinarrizko erantzunak topatzeko, honako galdera zehatz hauek egin behar ditugu:

a. Nola osatu kooperatiben egitura eta agintea faktore ekoizleekiko jokabide eraginkorra eta kooperatibak sortzeko pizgarriak ziurtatuz diru-ezarleei boto-eskubidea eman gabe?

Zehazki, kooperatibaren egitura eta agintean bazkide diren stakeholderren erabakiak modu eragile eta eraginkorrean nola antolatzen diren aztertu behar da[9].

b. Diru-ezarleei boto-eskubide mugatua ematea derrigorrezkoa den kasuetan, nola eratu behar dira kooperatibaren antolaketa eta agintea boto-eskubidearen eskualdaketa hau gutxienekoa izateko eta horrela sortzen den egitura kooperatiboaren antolaketaren logikarekin bateragarria izateko?

Azken galdera horri eman beharreko erantzuna «Kooperatiba Bazkideak», «Finantza Bazkideak» edo «Bitariko Kooperatibak» direlako tresnen erabilerarekin loturik izango da, tresnok erabiltzen diren kooperatiben egitura eta agintea eta, bestaldetik, ohiko kooperatibena, jakina, zeharo ezberdinak dira, eta azterketa berezia behar dute.

Bazkideen motibazio edo pizgarri *arrazoidunak* aztertzeko, jakina, ondokoa hartu behar dugu kontuan:

a. Kooperatibako bazkide-izaera lortzeko eta mantentzeko motibazioa.
b. Kooperatiba-jarduera eraginkorki garatzeko motibazioa.
c. Bazkide gisa dagokion zaintzarako betekizuna eraginkorki garatzeko motibazioa.

---

9. «Bazkidetza eragileak ezberdinak eta eraginkorrak bihurtzen ditu Kooperatibak eta, gainera, enpresa-arloko abantaila potentziala ere ematen die, Kooperatibak diren enpresen osagai hau, jabetzaren sentsua eratuz ezagutza maila handiak hedatzeko gai da, gainerako enpresek banandu ezin dituzten inplikazio eta konpromisoa hedatuz» ("The Co-operative advantage", UK, 2001 txostenean aipatuta).

Bazkide-izaera lortu eta gordetzea enpresaren jabetzaren teoriaren arabera aztertu behar da. Hau da, hasteko, bazkidearen aldetik, ez dela bakarrik beharrezkoa kooperatibaren aldeko jarrera edo motibazioa izatea; beste erakunderen batekin kooperatiba-jarduera bera egiteko duen motibazioa baino handiagoa izan behar da.

*Ekonomia Instituzionala*ren arabera, hauek dira aztertu beharreko gakoak: eskualdatze-kostuak eta informazio-kostuak, erakunde mota ezberdinetan alderaturik.

Hansmann-en metodologiaren arabera, hauek dira azterketa honen gakoak:

a. Kooperatiba-jarduera merkatuan salerostearen kostuak.

b. Kooperatiba-jarduera hori kooperatibako bazkide-izaera hartuta bideratzearen antolaketa-kostuak (batez ere, taldeko erabakiak hartzearenak).

Kooperatibako bazkide izateko motibazioak ikuspegi horretatik aztertu behar baditugu, hauxe da ondorioa: bazkide izatearen ekonomia-abantailak a) kooperatiba-jarduera merkatuan saldu edo erostearenak baino hobeak izan behar direla, eta b) bazkide izatearen arduraren kostuak baino handiagoak ere.

1.3. KAPITALA ETA LANA ENPRESAREN EGITURA ETA AGINTEAN

Dakigunez, zeharo ezberdina da kapitalaren eta lanaren egiturazko kokapena enpresa mota bakoitzean. Gai hau aztertzeko orduan, kontuan hartu behar dugu enpresa-sistemak ezin direla oinarritu euskarri teoriko hutsetan. Epe ertainean, eraginkorrak diren enpresa-sistemek baino ez diraute. Beraz, oinarrizko faktore ekoizleen —kapitalaren eta lanaren— erabilera eraginkorra ahalbidetzen duten sozietate motek baino ez dute aukerarik arrakastatsuak izateko.

Horrela, beharrezkoa eta ukaezina den galdera baten aurrean gaude: zein oinarrizko baldintza bete behar ditu kapitalak eta lanak enpresan duten kokapena egokia izateko?

Laburtuz, ondoko irizpideok hartu behar dira kontuan:

1. Bai lana bai kapitala, enpresa-jarduera bideratzeko derrigorrezko faktore ekoizleak dira. Irizpide hau ez da zalantzatan jartzen ez ekonomia-arloan, ezta ideologia-arloan ere.
2. Beraz, edozein enpresa motak faktore ekoizle bion erabilera eraginkorra ahalbidetu behar du, gutxienez, bideragarria izateko.
3. Merkatu-ekonomian gaudenez, lan- eta kapital-baliabideak enpresak eskuratzeak biak merkatuan erostea eskatzen du eta, beraz, baliabide horien ekarleei modu eraginkorrean ordaintzeko behar diren tresnak izatea.

4. Horrela, enpresa-sistema bakoitzaren eraginkortasuna, neurri handi batean, kapitala eta lana ordaintzeko eta egituran kokatzeko dituen tresnen eraginkortasunarekin izango da loturik. Ahaztu gabe, jakina, *ordaintzea*ri buruzko aipamen honek ez duela adierazten ekonomia-arloko ordainketa baino ez dela kontuan hartu behar.

5. Azkenik, aukeraturiko sozietate motaren eraginkortasuna loturik izango da kapitalak eta lanak enpresaren barruan duten aginte-kokapena egokia izatearekin, bai ekarlearen eskaeren aldetik, baita enpresa-jardueraren barne-antolaketaren eraginkortasunaren aldetik ere.

Irizpideok, itxuraz ulertzeko errazak, kooperatibaren agintearen edozein azterketa kontzeptualen gakoa dira, enpresa mota honen egiturazko ezaugarriak horren ezberdinak izanik merkatuan ohikoak direnekin alderatuz gero.

1.4. ENPRESA MOTA BAKOITZEAN LAN-FAKTOREAK DUEN EGITURAZKO KOKAPENA. OINARRIZKO IRIZPIDEAK

Oro har, lan-ekarpenaren eta pertsona-ekarpenaren kontzeptuak nahastu egiten dira kooperatibetan, kapital-ekarpenarekin kontrajarrita. Lan-ekarpenaren kontzeptua ez da mugatzen *lana*ren ohiko kontzeptura, menpeko lanarekin edo soldatapeko lanarekin loturik dagoena. Alderantziz, kontzeptu horren barruan enpresa-jarduerarekiko edozein motatako ekonomia-elkarlana biltzen da, kapital-ekarpenetik harago[10].

Lan-faktorea —edo, hobeto esanda, menpeko lana— enpresaren jabe moduan kokatzeko hipotesiaren aurrean, zeharo ezberdina da enpresa mota bakoitzaren jokabidea (kapital-izaera duten enpresak, pertsona-izaera dutenak edo kooperatibetan eta, azken horien artean, batez ere, lan-kooperatibetan).

Kooperatiba mota guztiak «pertsona-izaera duten enpresatzat» hartzen dira, enpresaren jabetza lan- edo industria-ekarleei ematen baitiete. Baina lan-kooperatibetan baino ez zaio jabetza hori menpeko lanari ematen, erabakitzeko gehiengoaren gaitasuna duen talde gisa.

Bazkide-izaera lan- edo industria-ekarleei ematea kooperatiben berezko ezaugarria da, baina ez da bakarrik sozietate mota honetan gertatzen. Alde batetik, horrelako zerbait gertatzen da pertsona-izaera duten enpresa mota guztietan (partnerships/sozietate kolektiboak eta komanditarioak), baita enpresa txiki askotan ere, itxuraz kapital-izaera dutenak. Errealitatean, bazkide kapitalistaren

10. Lan-ekarpen kontzeptu honen barruan, bai kontsumoa, bai horniketa edo enpresen arteko elkarlana —besteen merkataritza-sareak edo *know how* eskuratzeko— sartzen dira. Hauxe da, orobat, liburu honetan gehienetan erabiliko dugun lan-ekarpenaren kontzeptua.

lekua enpresako sortzaileak edo kudeatzaileak hartzen du, formalki diru-ezarle (kapital-ekarle) gisa kokatzen direla, enpresaren jabetza eskuratzeko asmoz.

Bestaldetik, gaur eguneko gizartean, lan-ekarleen eskubideak lehen baino kontu handiagoan hartzeko joera nabariak daude, orain arte diru-ezarle ziren bazkideei gordeta egon direnak:

- Alde batetik, menpeko lana kapitalaren titular gisa —nahiz eta gutxiengoan— kokatzeko joerak, finantza-partaidetza bultzatzeko ekimenen bidez.
- Bestaldetik, enpresaren helburuan, gero eta gehiago, stakeholderren[11] interesak ezartzeko joera, gero eta modu egituratuagoan[12], enpresaren gizarte-erantzukizuna neurtu eta indartzeko tresnen bitartez.

Liburu honetan, *bitartekoak* diren egitura kooperatiboak aztertuko ditugu, betiko bazkide motetatik at, beste mota batzuetako bazkideen partaidetza dutenak. Era berean, kapital-sozietateetan ere, organo-egitura eta aginteаren irizpideak nabarmen alda daitezke langileen partaidetzaren ondorioz. Kapital-enpresen antolaketaren teorikoak eragin hau aztertzen ari dira arreta handiz. Aipamen zehatz gutxi batzuk izan ezik, ez gara luzatuko gai hau aztertzen. Gure helburua, batez ere, kooperatiben ohiko antolaketaren alderdi aipagarrienak azaltzea da eta.

11. Joera hau igartzen hasi da ere lan-bazkideak ez zituzten kooperatiba motetan; menpeko langileen gero eta aktiboagoa den inplikazioaren beharra aztertzen ari direla. «Edozein motatako enpresaren kudeaketa, eta batez ere kooperatibetan, erakundeko langileekiko baterako jabetzan oinarritu beharko litzateke. Gure ikerketaren arabera, derrigorrezkoa da lan-esparru hau hobetzea kooperatibak diren enpresen zuzendaritza eta kudeaketaren aldaketaren arrakastarako» ("The Co-operative advantage", 3. kap., 1.10 atala).

12. "The Co-operative advantage" (3. kap., 10.6 atala) txosten berak gai hau azaltzen du Erresuma Batuko egoerarekin loturik: «Azken urteotan agintearen banaketa, bazkide kontsumatzailetik harago, stakeholder diren beste taldeei ere hedatzearen aukera eztabaidatu da lankidetzan. "Stakeholder anitzeko" zenbait eredu aztertu dira, baita Eroski Taldeak ezarritako langile-kontsumatzailearen eredua ere, Espainiako Mondragon Corporación Cooperativako Banaketa Sailean».

2. Bazkideak jarduerako parte-hartzaileak

2.1. KOOPERATIBAK ETA PARTE-HARTZEA JARDUERAN

Kooperatibetan, oro har, bazkide-izaera hartzeko derrigorrezkoa da «kooperatibarekiko jarduera» aipaturikoan parte hartzea[13].

Zenbait aldiz kooperatibetako bazkideak jardueran parte-hartzaileak eta, aldi berean, diru-ezarleak direla esan izan da (Ballestero, 1990: 49). Kooperatiben errealitatean guztiz ohikoa da hori, nahiz eta, egiaz, derrigorrezkoa ez izan[14].

Partaidetza honen ezaugarriak, zenbaitetan, nahasgarriak izan daitezke eta argitu behar dira.

Printzipioz, argi dago ez dela kooperatibaren finantza-egiturako partaidetza edo, gutxienez, ez dela kapital bidezko finantziazioa (honen inguruan, zenbait zalantza sortu dira finantza- edo mailegu-kooperatibetan, berauen jardueran parte hartzea eta finantza-jarduera harreman zuzenean baitaude).

Bestaldetik, ez dago argi partaidetza hau benetakoa ala balizkoa izan behar den. Zenbait legeditan derrigorrezkoa da estatutuetan kooperatiba-jardueran urteko gutxieneko parte-hartzea zehaztea, nahiz eta kopurua huskeria baino ez izan[15].

13. Jarduerako parte-hartze hau harreman zuzenean dago lehen aipatu dugun bazkidearen motibazioaren kontzeptuarekin. Oro har onarturiko irizpide horren adibide gisa, "The Co-operative advantage" (2001) txostenak hauxe esan zuen kontsumo-kooperatibei buruz: «Kontsumitzaileen kooperatiben jabeak bazkideak diren bezeroak dira. Horren ondorioz, banaketako kooperatiben derrigorrezko helburua izan beharko litzateke beren bezeroei zerbitzurik onena ematea. Beraien bezeroek igarri beharko lukete zerbitzu hori lehiakideek ematen dutena baino hobea dela, azken hauen lehentasuna diru-ezarleentzako etekina izanik. Bezeroek igarri beharko lukete — etekinari baino bideraturik ez dagoen banatzaile hutsekin alderaturik— interes handiagoa duela kooperatibak beraien gai eta kezkekin. Hauek dira kooperatiben bezeroek nahiko lituzketen lehenengo etekinak».

14. 1995eko ICAren Adierazpenak hauxe esan zuen honi buruz: «... kooperatiba gehienetako bazkideek hiru motatako harremanak dituzte erakundearekin. Lehenik, jabeak dira: bileretara joan behar dute, hauteskundeetan botoa eman, Errektore Batzordeak eskatu dizkien gaiei buruz erabakiak hartu eta beraien erakundearen sustapenean lagundu. Bigarrenez, beraien kooperatibaren bezero diren erabiltzaileak dira, gauzak zelan hobetu proposatzen dute eta bezero izatearen etekinak balioesten dituzte. Hirugarrena, diru-ezarleak dira: gutxieneko kopuruekin besterik ez bada behar, modu garrantzitsuagoan beharrezkoa izanez gero. Hiru harreman mota hauek bultzatu behar dira; bakoitzak berezko erantzukizun eta sariak ditu».

15. Honi buruz ikusi "The Co-operative advantage" txostenean egiten diren hausnarketa interesgarriak.

Beste legedietan ez dago arazorik bazkide-izaera gordetzeko jardueran benetako parte-hartzerik izan gabe; beharrezkoa da, hori bai, bazkide horren berezko ezaugarriak egokiak izatea jarduera horren balizko erabiltzaile edo parte-hartzaile izateko.

Lege-aukera bion arteko erabakiak ondorio garrantzitsuak ditu kooperatibaren agintean. Horren arabera, bazkide multzoa guztiz pasiboa edo aktiboa izan daiteke, eta hori funtsezkoa izan daiteke kooperatibaren jardute-sailen eraketan eta eragin-kortasunean bertan.

Jakina, jardueran parte hartzen ez duen neurrian, bazkideari ez dagokio galerarik ez etekinik baina, kooperatiba askotan, horrek ez du eragozten bazkide-izaera gordetzea.

Zer da kooperatiba-jarduera? Gehienetan, hauxe izan da onartu den kontzeptua: dagokion kooperatiba motaren arabera, bazkide kooperatzaileei bazkide-izaera ematen dien jarduera.

Lan-kooperatibetan, adibidez, menpeko lana baino ez da onartzen kooperatiba-jarduera gisa eta, orain arte, gehienetan ez da onartu botoen gutxiengoa duen beste mota bateko kooperatiba-jarduerarik.

Beste kooperatibetan, bezero eta hornitzaileekiko harremanari ematen zaio kooperatiba-izaera eta, kooperatiba integralen kasuan, botoen gehiengoa bezero edo erabiltzaile horien esku egonda, lan-bazkideen partaidetza ere onartzen da, gutxiengoaren botoarekin.

Jakina, horrek ez du esan nahi kooperatibek beste mota bateko jarduerarik egiten ez dutenik. Baina bakarrik jarduera horretan parte hartzen dutenei estatutuek bazkide-izaera ematen dieten neurrian izango litzake kooperatiba-jarduera[16].

Kontuan hartzekoa da kooperatiba-jardueraren neurketa. Bazkide bakoitzaren kooperatiba-jarduera, gehienetan, jasotzen duen sariaren arabera neurtzen da. Hau da, lan-saria edo ekoizpen eta zerbitzuen erosketa edo salmenten salneurriak. Gainera, aldi zehatz baten arabera neurtzen da, kontu-ekitaldi batekoa. Baina askotan, hau ez dago legean zehaztuta, baizik eta kooperatiben ohiko errealitatean.

Kontuan hartu behar ditugu enpresen etekinak sortzearen ekonomia- eta enpresa-oinarriak. Kooperatiba-jardueraren neurketa garrantzi handikoa da zenbait kontzeptu zehazteko. Adibidez, etekinetan edo galeretan bazkideek duten partaidetza edo, zenbait kooperatibatan, boto-eskubidea ere. Horra hor zergatik hartu

16. Beste gauza bat da «bazkide laguntzaileak» direlakoek duten partaidetza jardueran. Bazkideok, legearen arabera, parte hartzen dute jardueran, «nahiz eta ez bete-betean» baina, gehienetan, ez kooperatiba-jardueran. Legediek erredakzio ezberdinak erabiltzen dituzte, aldi berean bazkide laguntzailearen erabilera-esparru ezberdinak zehaztuz.

behar dugun kontuan sorturiko aberastasunean —eta, beraz, jardueraren etekinetan— bazkide bakoitzak duen partaidetza ezin daitekeela gehienetan urtebeteko epean garaturiko jarduera baten ondoriotzat hartu. Askotan, epe luzeago batean zehar metaturiko aktibo materialari eta immaterialari dagozkie etekinok.

Horrexegatik, kontzeptuen ikuspegitik, guztiz onargarria ematen du kooperatiba-jarduera urte batzuen erreferentzia baten arabera neurtzeak, edo gutxienez irizpide hori estatutuetan zehazten ahalbidetzeak, nahiz eta urte kopurua mugatua izan (adibidez, 5 urte gehienez).

Garrantzitsua da kontuan hartzea bazkide-izaeraren kokapenak dituen ondorio juridikoetatik aparte —eta jarduerako partaidetzaren eraginetik aparte ere— kooperatiba batean bazkide-izaera eskuratzeak neurri bateko konpromisoa eskatzen duela, erakundearen ikuspegitik eta, zenbaitetan, ikuspegi pertsonaletik ere.

Kooperatiba bateko bazkidea bertako jabea bihurtzen da eta —salbuespenak salbu— ezin dezake harekiko jarrera geldoa izan, kapital-erakunde bateko akziodunaren antzera (bestela, jardueraren kudeaketa txarraren eragina beregan igarriko du eta).

Bereziki deigarria dugu lan-kooperatiben kasua. Bertan, langilea, bazkidearen kokapen juridikoa hartuz, enpresari bihurtzen da aldi berean eta, beraz, enpresa-jarduerarekiko maila handieneko erantzukizunaren titular. Horren ondorioz, erakundearen barruko bere kokapena goitik behera aldatzen da, eta menpeko langilearen eskubide eta betebeharren esparru *erosoagoa*ri uko egiten dio.

Menpeko langilea jabetza-eskubideaz eta enpresaren titulartasunaz desjabetuta dago. Beraz, galdu egiten ditu, orobat, enpresak sorturiko gaindikinei heltzeko eskubidea, enpresaren geroarekin loturiko erabaki garrantzitsuenetan parte hartzekoa, etab. Bestaldetik, eskubideen inguru egonkorragoa du, lan-legediak eta sindikatuen jarduerak babestuta, askotan egoera egonkorrean izanik. Kokapen pertsonal erosoa da hau baina, jakina, guztiz geldoa bere lanpostuaren eraketaren inguruan eta ekonomia- eta gizarte-jardueraren inguruan oro har.

Kooperatiba bateko bazkide izateak, alderantziz, oso modu ezberdineko ondorioak ditu kooperatiba motaren arabera. Hala ere, oso adierazgarria den konpromiso pertsonala dakar, bazkideak bere inguruarekin eta jardueran duen partaidetzarekin hartzen duena[17] (bere lanpostuarekin lan-kooperatiben kasuan).

17. Parte-hartzeak dinamismoa galtzen duen neurrian, kooperatibak berak ere galdu ere egiten du. "The Co-operative advantage" delako txosten horren 1. kapituluaren 3.6 atalaren arabera, «kooperatiben jardueran modu egokian informaturiko bazkideen inplikazio eragilerik eza» Erresuma Batuko lankidetzaren arazo funtsezkotzat hartu behar da.

2.2. *KOOPERATIBAK ENPRESA-HARREMANEN ETA MERKATU-HARREMANEN ARTEAN*

Enpresa Antolaketaren Teoria —eta, bereziki, enpresa-aginteaaren teorikoak— oso azterketa interesgarriak egiten ari dira enpresa kontzeptuaz ekonomia-jardueraren antolakuntzarekin lotuta, baita jarduera hori garatzeko behar diren baliabideei buruz ere, merkatu-harremanak eta enpresa-harremanak dialektikaren inguruan.

Ekonomia-jardueran parte hartzen dutenek —ondasun zein zerbitzuak ekoizten, saltzen edo erosten— bakoitzak bere kontutik, bere kabuz eta erabakitzeko gaitasun osoz, jarduteko aukera dute besteekiko harremanetan. Jokabide berjabe horrek, hain zuzen, *merkatu* izena hartzen duten harremanak sortzen ditu (merkatu-harremanak).

Baina, behin merkatua eratuta, norbanako horiek segituan hasten dira pentsatzen beste batzuekin elkartzeko aukeraz, merkatuan batera jarduteko asmoz antolaketa-unitateak sortuz (enpresa-harremanak).

Enpresa-harremanak aukeratzearen funtsezko abantailak hauek dira:

a. transakzio (eskualdatze) kostuak murriztea (norbanakoen arteko etengabeko negoziazioa)

b. eskala-ekonomiak lortzea

c. egitura ekoizle konplexuak eraginkorki kudeatzea

d. antolaketa hierarkikorako gaitasuna

Bestaldetik, «agentzia- edo ordezkaritza-kostuak» direlakoak handitzen dira, neurri bateko kudeaketa-aginpidea jasotzen dutenak jarraitu eta kontrolatzeko beharrarengatik.

Enpresa-harremanez aipatu ditugun abantaila horien aurrean, merkatu-harremanak malgutasun handiagoz jokatzeko aukera ematen dio norbanako bakoitzari, baita bere jardueran parte hartzeko aukera gehiago ere, jardueraren errentagarritasuna handituz.

Lankidetzako teoriko batzuek[18] oso azterketa interesgarriak egin dituzte kooperatibei buruz eta kooperatiben egitura bitarteko lekuan kokatu dute merkatu motako antolaketaren eta enpresa motako antolaketaren artean.

Zehazki, lan-kooperatibak enpresa-eredutik hurbilago kokatu dira eta nekazaritza-kooperatibak, zerbitzukoak, etab., merkatu-eredutik hurbilago (egiaz, ziur asko, lan-menpekotasunaren antolaketa-jaurbidearen ondorioz, *enpresa-harremanen* kontzeptuaren barruan kokatu behar dira derrigorrez lan-kooperatibak).

18. Beste batzuen artean, ikusi Morales, 1996: 57-69.

Lankidetzaren berezko ezaugarrien ondorioz, enpresa-ereduaren abantailekin batera merkatu-ereduaren zenbait abantaila ere biltzen dituela ematen du. Zehazki, zenbait egileren arabera, «kooperatibetan, bai bitartekariak desagertzeak, bai eta partaidetza berdintzaileak ere, hierarkia-harremanak ordezkatzen dituen konfiantza-giroa errazten dute, sistema optimizatuz». Hau guztiaren ondorioz, «kooperatiben nahiaren eraketaren antolaketa demokratikoa ez da utopian oinarritzen den irizpidea; antolaketa-koherentzia ukaezina du»[19]

Jakina, kooperatibetako bazkideek izan ohi duten konfiantza-harreman hori ez da bakarrik aurkitzen sozietate mota horretan. Errealitatean, beste mota batzuetako enpresetan, kapitalistak barne, aurkitzen dira. Hala ere, bereziki egokia da kooperatiben eredua ekonomia-jardueran giro hori sortzeko. A. C. Morales-ek esan zuen moduan, «kontrolatzeko tresnengatik eta duen irudiagatik, erakundean dagoen konfiantza alde batetik eta neurri bateko malgutasuna bestetik, lankidetzaren lehiakortasunerako berezko abantaila da hau».

2.3. BAZKIDEEK JARDUERAN PARTE HARTZEAK AGINTEAN DUEN ERAGINA

Enpresa-jardueran bazkideak duen partaidetzak funtsezko eraginak ditu jarduerako zenbait arlotan eta, bereziki, enpresaren *antolaketa*n eta *agintea*n.

Kooperatibaren egitura eta aintearen ikuspegitik, bazkideek duten izaera parte-hartzaileak ondorio nabarmenak ditu, jakina, jardute-sail edo organoen eraketan, datozen idazpuruetan aztertuko ditugunak, eta, bestaldetik, kooperatiba eta bazkide-izaerara heldu den stakeholder bakoitzarekin.

Jardute-sailak edo organoen eraketan parte hartzeko eskubideak sortzen ditu bazkide-izaerak. Horixe da, beharbada, kooperatibaren agintean kooperatiba-sustraiaren eragin nabarmena, jardueran parte hartzen dutenei funtsezko erabaki eta eginbideetan parte hartzeko aukera ematen diena:

- zaintza-organoa —eta, zeharbidez, zuzendaritza— izendatzeko erabakietan
- egiturazko eraldaketak onartzekoetan (kooperatiba bera desegitea edo jarduerak kooperatiba-izaera galtzea, kapital-sozietatea bete-betean ala neurri batean bihurtuz)

Partaidetzazko tresnon benetako eraginkortasuna eta bazkidearentzako benetako garrantzia edo interesa beste faktore batzuekin daude harremanetan. Horien artean, eta oso bereziki, kooperatibako bazkide kopuruarekin. Dakigunez,

19. Ikusiko dugunez, kooperatiben taldeei buruz egingo dugun azterketaren antzekoa da hau. Kooperatiben taldeak, «kooperatiben kooperatibak» dira nolabait eta, beraz, enpresa-taldeak (partaidetzaren bidezko taldeak) eta enpresa bakoitza merkatuan bere kabuz jardutearen artekoak.

kooperatibagintzan ohikoa eta funtsezkoa da elkarte-ahalmena «bazkide bakoitzak boto bat» irizpidearen arabera banatzea. Horren ondorioz, eskubide horren benetako garrantzia, kooperatibako bazkide kopuruarekin dago loturik, estu-estu.

Jardute-sail edo organoetan parte hartzetik at, badaude kooperatibaren eta bazkidearen arteko harreman zuzenaren ikuspegitik kooperatibaren agintean eragina duten egiturazko tresna batzuk. Tresnok, neurri batean, zeharbidezko *kontrolerako tresnak* dira, banako bazkide bakoitzak kooperatibaren agintean eragitea ahalbidetzen dutenak:

a. Kooperatiba edozein unetan borondatez lagatzeko bazkideak duen eskubidea.

b. Bazkidearen motibazioaren eraginak kooperatibarekiko jardueran duen partaidetzaren salneurrian, kalitatean eta eraginkortasunean.

Egiaz, jardute-sailen bitartez kooperatiben agintean bazkideak duen partaidetzatik aparte, kudeaketan agintzeko/kontrolatzeko beste aukerak ere baditu bazkideak, norbanakoen erabakien bidez. Erabakiok goian aipaturiko tresnen bitartez bideratzen dira, eta baliagarriak dira bazkideek zuzendaritzari «zerbait ez dabilela ondo» adierazteko mezuak bidaltzeko (edo, alderantziz, bazkide-izaerak duen erakargarritasunaz eta bazkideen motibazioaz).

Lehenengo tresna hau kooperatiba borondatez uzteko bazkideak duen eskubidea da. Kooperatibaren jardueran interesik ez duen bazkideak kooperatiba lagatzeko aukera du. Lagatze horren benetako eraginak zeharo ezberdinak dira kooperatiba motaren arabera. Bazkide gutxiko nekazaritza-kooperatibetan, adibidez, kontrolerako tresna eraginkorra izan daiteke, kooperatiba uzteak, gehienetan, kooperatibarekiko elkarlan operatiboaren amaiera baitakar eta elkarlan hori ordezkatzea ez delako askotan erraza. Antzeko zerbait gertatzen da, adibidez, lan-kooperatibetan edo zerbitzu-kooperatibetan, lan kualifikatu eta berezia egiten duten bazkideekin.

Ez da gauza bera gertatzen lan-kooperatibetako eskuko langileekin, edo ordezkatzeko errazak diren langile ez-espezializatuekin. Kontsumo- edo mailegu-kooperatibetan ere ez, kooperatibako bezero-izaera galtzea ez baita bazkidetza galtzearen ondorio zuzena eta, gainera, gehienetan, ordezkatzeko errazak dira bazkideok.

Bazkideak jardueran duen interesa galduz gero, kudeaketan izango du eragina, salneurrietan, kalitatean eta kooperatiba-jardueran bazkideak duen partaidetzaren gainean dituen ondorioengatik. Bereziki garrantzitsua izan daiteke hau lan-kooperatibetan, zerbitzu-kooperatiba txikietan, nekazaritza-kooperatibetan, etab. baina ez mailegu- edo kontsumo-kooperatiba handietan.

Azkenik, kudeaketa ez badator bat bazkideen interesekin, azken aukera bat dago sozietatearen agintean eragiteko. Guztiz gogorra izan daitekeen erabaki baten bitartez, jardueraren kooperatiba-izaera eraldatzeko aukera dute bazkideek, kapital-sozietate bihurtuz. Aukera hau oso ezberdina da kooperatiba mota eta legediaren arabera, baina ia-ia legedi guztietan onartzen da, ezaugarri batzuekin zein beste batzuekin.

Tresnok, nolabait, kapital-sozietateen agintean aztertzen diren beste batzuekin alderagarriak dira. Kapital-enpresetan, aginte-organoen kudeaketatik aparte, osagarriak diren beste tresna interesgarri batzuk daude, antolaturiko kapital-merkatuaren bidez edo enpresen «kontrolerako merkatuaren» bidez[20]. Norbanakoen akzioak merkatuan saldu edo erosteko aukera, edo «kontrolerako» akziodun bati jabetza eskualdatzeko aukera ere, oso tresna eraginkorrak dira[21] kudeaketaren eraginkortasunean —eta akziodunen interesekiko arretan— behar den grina iraunarazteko.

Edonola ere, kooperatibetan, antolaturiko kapital-merkaturik ez dagoenez, ez eta —printzipioz— kontrolerako bazkiderik, kapital-enpresetan arlo honetan erabilitako azterketa-tresnek ez dute balio[22].

Kooperatibetan, bestaldetik, kontsumo eta zerbitzuen ekoizpen eta banaketan bazkideek parte hartzearen eta, aldi berean, helburuak ezartzeko ahalmena izatearen ondorioz, bazkideon kooperatiben zuzendaritzak konplexutasun maila handia du (Garcia, 1999: 246).

Behin eta berriz aipatu da bazkideek jardueran duten parte-hartzeak funtsezko eragina duela korporazio-agintean, batez ere, bazkideen artean dauden interes-ezberdintasun handien ondorioz.

Kapital-sozietateetan, diru-ezarle diren bazkideek argi eta garbi zehazturiko baterako interesa izan ohi dute: enpresaren gaindikinak —edo, kasuan kasu, akzioen balorazioa— epe motzera edo luzera maximizatzea.

---

20. «Kontrol edo zaintzarako merkatu» horrek harreman estua du enpresen jardute-sail edo organoen eraginkortasunarekin, akziodunen interesak ordezkatzeko duten gaitasunaren bidez. «Merkatu hori zuzendaritzaren kanpoko kontrolerako tresna da, azken irtenbideko tresna —gehienetan barneko beste tresnak kudeatzaile eta akziodunen interesak bat etortzea lortzeko gai ez direnean— balioa sortzeko enpresak duen gaitasuna hobetzeko. Merkatu honetan, azkenean, zuzendaritza-taldeak lehian ibiltzen dira txarto kudeatuta dauden edo beraien erakundeei —sinergien bidez— balioa gehitzeko gai diren sozietateen kontrola eta zuzendaritza eskuratzeko (Eguidazu, 1999: 101, 102).

21. «*Takeovers* eta *buyouts* direlakoek nabari utzi zuten zuzendaritzaren despotismo ilustratuaren eraginkortasun kaskarra, eraginkortasun eta etekinen kontzeptu argirik gabeko zuzendaritza, inoren aurreko erantzukizun argirik ez duena» (Drucker, 1995).

22. Arruñada-k (1998) dioenez, «partaidetzak saltzeko ezintasunak balorazio orokorra —sozietate zabalei Burtsak edo Balore Merkatuak ematen dietena— kentzen die kooperatibei».

Alderantziz, kooperatibetan, bazkideek jardueran duten partaidetzak kooperatibaren eta bazkide bakoitzaren arteko jarduera-harreman berezia adierazten du, jarduera horren ordainketaren berebiziko egituraz. Horren ondorioz, erakundearen jarduerarekin harremanetan dauden interesak askotarikoak izan ohi dira eta interes horien kudeaketa eraginkor eta homogeneoa lehen mailako arazo bihurtzen da kooperatiben korporazio-agintean. Zenbait egileren ustez[23] faktore hori korporazio-agintearen arazo funtsezkoa da eta, horren ondoriotzat hartzen dute kooperatibek merkatuaren gehiengoa eskuratzeko aukerarik ez izatea. Horrela azaltzen dute, orobat, zergatik kooperatibak ugaritzen diren, batez ere, kooperatibetako bazkideen interesak homogeneoagoak diren jarduera-sektoreetan[24].

---

23. Batez ere, H. Hansmann, azterketa hori, bai langileen jabetza duten enpresentzat, bai eta bezeroen jabetza dutenentzat egiten duena. Kasu biotan, bazkideen interesak ez badira oso homogeneoak, kooperatzaileak diren bazkideen arteko ohiko ezberdintasunen ondorioz, «enpresa barruan horiek duten kontrolak kostu handiak sortzen ditu eta kostu horiek, gehienetan, bazkideen inplikazioak eskaintzen dituen etekinak gainditzen dituzte» (Hansmann, 2000: 119).

24. Arruñada-k —lan kooperatibei buruz— dio: «Borondateen bateratze hau zailagoa da kooperatibetan kapital-enpresetan baino, eta bi arrazoi hauengatik. Alde batetik, azken horietan erabakitzaileen arteko interesetan batasun handiagoa dago, beraien espezializazio handiagoagatik, gehienetan ez direlako aldi berean sozietate bereko langile eta kapitalistak. Alderantziz, kooperatibetan, oso ezberdinak izan daitezke interesak bazkideen adinaren eta lan-espektatiben arabera. Bestaldetik, akzioen eskualdagarritasunaren ondorioz, disidenteak diren akziodunen irteera ahalbidetzen da, kontsentsua eskuratzea erraztuz... Baldintza hauetan, hau gertatu behar da: alde batetik, disidentzia handiagoa eta, bestetik, disidenteek enpresa-erabakiak beren interesen aldekoak izateko borrokatzea. Horren ondorioz, kooperatiben erabaki-eginbideak bi motatako funtsezko arazook ditu: erabaki okerragoak eta erabakitzeko (influentzia) kostu handiagoak».

3. Bazkide motak

3.1. LANGILEA BAZKIDE GISA

Langileak enpresako bazkide gisa izan dezakeen kokapena gaurkotasun harrigarria izaten ari da azken urteotan. Kooperatibagintzan gai honi buruz betidanik izan den azterketatik aparte, herri anglosaxoietan, eta AEBn bereziki, kapital-korporazioen korporazio-agintearen diseinuan lehen mailako gaurkotasuna duen gaia bihurtzen ari da.

Oso interesgarria da, beraz, garatutako herrietako korporazio-aginteari buruzko adituek landutako hausnarketak kontuan hartzea. Oro har, egindako hausnarketak langileak korporazioetako bazkide gisa gero eta gehiago onartzearen aldekoak dira. Hala ere, irizpide horren aldeko jarrera zabalagoa da gizartean eta politikan enpresa-teorikoen artean baino.

Zeintzuk dira langilea bazkide bihurtzearen abantailak eta desabantailak?

- motibazioa[25]
- epe luzeko iraunkortasuna
- jardueraren arrakastan langileek duten berebiziko interesa
- informazioa lortzeko erraztasuna eta jardueraren ezagutza[26]
- interes-gatazka gutxi izatea[27]
- enpresaren sentiberatasuna gizarte-erantzukizunaren aurrean[28]

---

25. «Enpresak bere patua kontrolpean izateko eta ondo motibaturiko ia-pertsona bihurtzeko era ezberdinak daude. Jabetza eta kudeaketa langileen esku uzten dituen ekoizpen-kooperatibaren antzeko enpresa mota izan daiteke» (Ozaki, 1991: 18).

26. Zuzendaritza kontrolatzeko *ordezkaritza-kostuak,* egile askoren ustez, txikiagoak dira langileen esku dauden enpresetan, hobeto ezagutzen dutelako jarduera.

27. Azken kontzeptuok aztertuz, ikusi Monks eta Minow (1995: 234): «Epe luzera, korporazio-zuzendaritzaren gai asko erabakitzeko kokapen onena izan ohi dutenak langileak dira. Batez ere, informazioa eskuratzeko duten gaitasun handiagoagatik eta haiengan dauden interes-gatazka gutxiagoengatik... Inork ez du enpresarekiko epe luzeagoko konpromisorik edo enpresaren epe luzeko sendotzearekin lerrotuagoa den interesik».

28. «Langileek ez dituzte bakarrik gizartearen interesak ordezkatzen; beraiek dira gizarteko kideak. Epe luzeko eutsigarritasunari eta gizartearen esku uzten diren kostu eta kalteei begira, eurek izan ohi dute agentzia-kostu eta interes-gatazka txikienak» (Monks eta Minow, 1995: 234).

Berezko interesa du H. Hansmann-ek (2000: 69-75) honi buruz egiten duen deskripzioak:

> Lana merkatuan eskuratzearekin konparatuz gero, langileen jabetzak eraginkortasun-abantaila handiak ditu:
>
> – langileen produktibitatea hobetzea
>
> – langileen «lock-in» (beste enpresa batera beraien lanbide-gaitasuna eskualdatzeko duten ezintasuna) delakoari loturiko «oportunismoa» baztertzea
>
> – jokabideek gatazkarako izan ohi duten joera estrategiko txikiagoa
>
> – langileen nahiak hobeto komunikatzea
>
> – lanaren alienazioa txikiagotzea[29]

Langilea bazkide gisa kokatzearen abantailen azalpen interesgarri horren ostean, kontuan hartu behar da, Hansmann-ek berak dioen moduan, abantailok ondo azaltzen dutela lan-kooperatiben arrakasta beraien ohiko kokapenetan, baina ez dute azaltzen zergatik ez dagoen horrelako kooperatibarik enpresa hierarkiko handietan, ia-ia denak kapital-sozietateak direnak.

Lehen esan dugunez, zenbait egilek zalantzatan jartzen dituzte abantailok eta, beste batzuek, abantailok onartuz, langilearen bazkide-izaera horrek omen dituen desabantailak ere aipatzen dituzte.

Horrela, Hansmann-en (2000: 77-79) metodologiari jarraituz gero, ondoko irizpideok aurkitzen ditugu:

– Arrisku handiegia hartzen dute langileek jardueran (bertako langile, jabe eta diru-ezarle baitira)[30].

– «Erabakiak talde gisa hartzearen kostua», zenbait egileren ustez, langileen jabetza bideragarria izateko oztopo funtsezkoena izan daiteke, gehienetan jabetza mota honen abantailak konpentsatzen dituena[31].

---

29. Hansmann-en azterketa hau bereziki interesgarria da erabiltzen duen metodologiagatik. Hala ere, ez da lan honen helburua lan-kooperatiben azterketa zehatza egitea, baizik eta kooperatiben aginte edo egituran eragina zehatza duten faktoreak aztertzea. Hala ere, azterketa kritikoen artean, oso interesgarriak dira, adibidez, Lepage (1978) eta Jensen (2000: 168-204).

30. H. Hansmann-en ustez (2000: 79), «arrazoi handiak daude sinesteko arrisku-hartzea, berez, ez dela funtsezko oztopoa langileen jabetzarako, eta langileen jabetzaren ohiko banaketa azaltzeko gaitasun txikia duela».

31. Batez ere, Hansmann eta Jensen. Jensen bereziki kritikoa da: «Inork ez du zehaztu enpresa barruko erabakiak hartzeko arazoa konpontzeko beharko litzatekeen balizko eginbide edo prozesu multzoa, langileen helburu guztiak berdinak ez badira. Onartutzat jotzen da langileek helburu komun multzo bat izango dutela eta enpresa mailan helburu horiek enpresa-politiken bidez gauzatzeko orduan ez dela gatazkarik sortuko... Langileen jabetzaren ekonomia-eredu bat garatu behar badugu, funtsezko osagaia da hau» (2000: 187).

- Oro har, langileek ez dute horrenbeste balioesten enpresaren jabe izatea[32].
- Enpresaren egonkortasunarekin bat datoz langileak, baina ez enpresaren etekinak maximizatzearekin[33].
- Kontrolerako merkaturik ez izatea (Jensen, 2000: 183).
- Aginte-lanetan espezializaziorako interesik eza.
- Lanpostuek Mendebaldeko gizarteetan duten behin-behinekotasun gero eta handiagoa (Monks eta Minow, 1995: 239).

Hala ere, oro har, azterketa gehienek onartu eta azpimarratzen dute langilearen parte-hartzeak duen garrantzia enpresaren eraginkortasunean[34].

Edozein enpresatan, langileen lana eraginkorra izan behar bada, derrigorrezkoa da langileak, momentu bakoitzean, enpresarentzat egokienak diren erabakiak hartzea. Nola lortzen da hori? Printzipioz, ondoko estrategiak ditugu:

A. ZAINTZA-ESTRATEGIA

Honen bidez, langileek enpresarentzat egokiak diren erabakiak hartzen dituztela ziurtatzeko, erabaki horiek akziodunen —zuzendaritzaren bitartez— zaintzapean uzteko tresna erabiltzen da.

B. AUTONOMIA-ESTRATEGIA

Zenbaitetan hauxe esaten da: langileari erabakitzeko autonomia ematea nahikoa dela autonomia horren barruan bere erabakiak enpresaren interesen alde libreki bideratzeko.

C. INTERESAK BATERATZEAREN ESTRATEGIA

Estrategia honen oinarria langilearen pizgarriak eta enpresaren interesak bateratzean datza. Horrela, langileak une bakoitzeko erabaki zehatzak bai berezko interesean, bai eta enpresaren interesean ere, hartzen dituela ziurtatzen da. Bateratze edo lerrotze horrek ekinbide maila ezberdinetan du eragina:

- Enpresaren bilakaerak langilearen interesetan duen eraginari buruzko *informazioa*.

---

33. Hainbat egilek onartu dute irizpide hori: Wart (1958), Domar (1966), Vanek (1970), Maurice eta Ferguson (1972), edo Meade (1972). Ikusi horri buruz, M.C. Jensen-en hausnarketa interesgarri berria (2000: 176).

34. Hauxe da horren atzetik dagoen gakoa, Monks eta Minow-en ustez: «Hainbat alditan egunero, langile orok aukeratu behar du, bere lana egiteko orduan, lan hori enpresarako etekina maximizatuz ala bere buruarentzako maximizatuz egitearen artean» (1995: 233).

- Langileen *parte-hartzea erabakietan,* enpresak erabaki horietan langilearen interesak kontuan hartzeko.
- *Erabakitzeko gaitasuna,* langileari enpresa-jardueraren zenbait alderditan eragina izateko aukera emanez.
- *Jabetza,* langile-izaerak eta bazkide-izaerak bat eginez.

Interesen bat-egite edo lerrotze-estrategia hori bereziki garrantzitsua da lan-kooperatibetan. Kooperatiba horietan, ez da desagertzen, ezta gutxiagorik ere, langilearen banako interesen eta kooperatibaren interesen arteko ezberdintasuna. Kapital-sozietateetan, dakigunez, estu-estu lerrotzen dira akziodunen interesak eta enpresaren interesak. Kooperatibetan, alderantziz, ez da hori gertatzen, arrazoi hauengatik:

a. Bazkideen ordainsariak ez dira bakarrik jasotzen etekinaren bidez, baita eragiketen salneurriaren bidez eta kapitalaren interesen bidez ere.

b. Kooperatibaren jardueran parte hartzeak interes multzo konplexu bat dakar berarekin. Adibidez, lan-bazkideen kasuan, lanpostuaren ezaugarriak, ordutegia, egutegia, lanerako bidaiak egin beharra, etab.

Jabetza langileen esku uzteak langileen eta kooperatibaren artean nolabaiteko interes-lerrotzea dakar, baina ez oso-osorik. Hori dela-eta, funtsezkoa da kooperatiban indarrean dauden lansariak, jarduera-arloko eta antolaketa-arloko tresnak eratu eta antolatzeko orduan, bazkideen arteko eta bazkideen eta kooperatibaren arteko interes-ezberdintasunok etengabe modu eraginkorrean bideratzea.

Zehazki, derrigorrezkoa da aginte- eta jabetza-egiturak sortzerakoan, bazkideei dagokien kokapen egokiena ematea, ekitatearen ikuspegitik (egindako ekarpenak modu egokian onartzea) eta produktibitatearen ikuspegitik (egin beharreko ekarpenak ahalik eta onenak izatea)[35]

Hau guztia aztertuta, ikertzaile amerikar askok jabetza langileen esku uztearen abantailok azpimarratzen dituzte:

- Zuzenki onartu eta bideratzen du korporazio-agintearen arazo funtsezkoena: «informazioa, pizgarriak eta ekiteko gaitasuna lerrotzearekin» lotuta.
- Ziur asko, kudeaketa enpresako zuzendaritzaren esku uztearen ondoriozko agentzia- edo ordezkaritza-kostuak txikienak izateko irtenbiderik onena da.
- Interes-gatazkak gutxienak izateko eta informazioa maximizatzeko eraketa egokia da.

---

35. Shann Turnbull-ek (1991: 176 eta hur.) akziodunak eta beste stakeholderrek sozietateetan duten kokapen egokiena aztertuz, hauxe proposatu du: akziodunek ekarpena egin eta hamar urte geroxeago, boto-eskubidea galdu beharko lukete, eta eskubide hori jardueran inplikazio handiagoa duten beste stakeholderren eskuetan geratu beharko litzateke; batez ere, langileen eskuetan.

– Interes-gatazka gutxien eta informazio gehien dutenek hartu beharko lituzkete erabakiak. Langileen kasuan ez dago interes-gatazkarako lekurik, eguneroko erabaki txikietarako ez dagoelako ordezkaritza-kosturik. Aipatu da, orobat, ahalegin berezia egin beharko litzatekeela ikuspegi zabalagoa behar duten erabakietan eraginkorki parte hartzeko eta ordezkaritza-kostu horiek gutxienak izateko eta, horretarako, langileen interesak eta enpresarenak lerrotu beharko liratekeela, lansarien egituraren bidez eta erabakiak hartzearen lerrotzearen bidez (etekinetan parte hartzea, erabakitzeko ahalmen handiagoak beraien esku uztea...).

LANGILEEN JABETZARAKO LAU ARRAZOI

1. Korporazioen eragina jasaten dutenen artean, mikro eta makro mailetan bere jarduerak kontrolatzeko gai den alderdi bakarra langileak dira.
2. Jabetza ez da bakarrik eskubide bat, ardura bat baizik. Enpresan azken mailako interesa duten neurrian, enpresak gizartean duen eraginaren arduradunak izan beharko lirateke jabeok. Langileak, lan- eta kapitalhornitzaileen interesak ordezkatzeko gai direnez, ardura hori hartzeko ondo kokatuta daude.
3. Baloreen titularrek —kasurik onenean, zeharbidezko jabetza mota bat baino ez dutenek— ez dute batere erraza jabetzak eskatzen duen gainbegiratzejarduera bideratzea.
4. Jabetzaren egitekoak korporazio-egituran ondo kokatuta egoteko, hauexek dira bazkideek behar dituzten ezaugarriak:
   - Informatuta eta inplikatuta egotea.
   - Beraien jabetza erabiltzeko orduan, legeek eta araudiek mugaturik ez egotea.
   - Jardueran inplikaziorik ez izatearen ondoriozko *erikortasun*etik kanpo egotea.

(Monks eta Minow, 1995: 235).

Jakina, langileak bazkide gisa duen kokapenari buruzko hausnarketa harreman zuzenean dago aldibereko beste hausnarketa kritiko batekin: diru-ezarleak erakundeko bazkide gisa —eta, batez ere, bazkide *iraunkor* gisa— duen kokapena aztertzea[36]. Eta, esan dugunez, korporazio-agintean adituak gero eta jarrera

36. Ahaztu gabe, jakina, kooperatiben kasuan funtzio biak —langilearen eta diru-ezarlearena— pertsona berberengan biltzen direla. Hori dela-eta, esan da (Arruñada, 1998) kooperatibaren Batzar Nagusiaren eraketaren ondorioa dela «eragile produktiboen espezializazio txikiagoa, kooperatibistek langile-izaerari kapitalista-izaera gehitzen diotelako. Gainera, nahiko zuzenki bereganatzen dituzte kapital-ekarleen hiru betekizunak: finantziazioa bera, arriskuak hartzea eta kontrolerako eginbeharrak».

kritikoagoa erakusten ari dira diru-ezarleek bazkide gisa duten kokapenaz[37].

Batzuetan, diru-ezarpena egin eta hamar urte inguru igarota, diru-ezarpen horretatik akziodunak behar zuen errentagarritasuna lortu dela aipatu da. Epe hori gaindituta, beste mota bateko bazkideek ordezkatu beharko lukete diru-ezarlea, zaintzako egitekoan eraginkorragoak direnek: langileek, hain zuzen (Turnbull, 1991: 179).

3.2. HORNITZAILEA BAZKIDE GISA

Hornitzaileek bazkide-izaera hartzen duten kooperatibak, gehienetan, nekazaritza-ekoizpenak landu eta saldu egiten dituzten nekazarien kooperatibak dira. Hainbat jarduera egiten dituzte kooperatibok: salneurriak negoziatu baino ez zenbaitetan, edo bazkideen, ekoizpenak saldu edo eraldatu beste batzuetan.

Jarduerok kooperatiba gisa eratzeko abantaila funtsezkoak, berauen egitura edo agintean kontuan hartzekoak, ondokoak dira:

a. Nekazaritza-produktuen merkatuaren oligopolioaren aurka borrokatzen dute[38].

b. Nekazaritza-ekoizpenen banaketan «kartel» antzeko egiturak sortzeko tresnak dira.

c. Merkaturatzerako behar den informazioa menperatzen dute.

d. Kooperatibek erraztasun handiagoa dute nekazari berriak sartzeko zailtasunak dauden ekoizpenak merkaturatzeko (frutak).

e. Kooperatibaren kontrol eraginkorra izateko kokapen bikainean daude nekazariak[39].

---

37. Adibide moduan, hauxe da Monks eta Minow-ek (1995: 236) diotena: «Akzioetan banaturiko kapitalaren kokapen horrek, betiko diru-ezarpenetan, produktibitatearen etengabeko hustubide gisa, Erdi Aroko kapitalaren kontzepzioa gogoratzen du... Aztertzaile askok hauxe diote... kapital-ekarleak ekarritako balioa edozein izanda ere, aspaldi izan da ordainduta, eta enpresaren etekinak etengabe huste horrek, enpresatik bizi behar diren besteen aukerak —eta beraz, pizgarria— gutxiagotu egin behar ditu... nahiz eta enpresa betiko izan, "jabeen" kokapena denboraz mugatua izan beharko litzateke... Enpresa heldutasunera ailegatu eta gero, enpresarekin modu biziagoan loturiko talde baten jabetza da etengabeko berrikuntzarako bermerik onena. Guztiz erakargarria da korporazioaren ekonomia-balioaren "jabetza-eskubidea" lan-ekarleek izatearen kontzepzioa».

38. Oligopolio-egoeran egon ohi dira merkatuok: «Nekazaritza-ekoizpenak erosten dituzten bitartekariak oso kontzentratuta daude gehienetan eta, beraz, beraiekin harremanetan dauden nekazarien aurrean nolabaiteko monopsony ahalmena dute» (Hansmann, 2000: 122).

39. «Nekazaritza-ekoizpenak merkaturatzeko orduan kooperatibak zaindu edo kontrolatzeko bazkideek duten gaitasuna Administrazio Batzordean egiaztatzen da. Kooperatiba horietan aukeraturiko batzordekideen artean, ohiko korporazio handietan gertatzen denaren aurka, ez daude enpresetako kudeatzaileak, eta gehienetan ekoizle diren kideak baino ez daude. Aukeraturiko batzordekideek beste kide gutxi batzuk izendatu ahal dituzte batzordean izateko. "Izendaturiko batzordekideon"

f. Erabakiak hartzeko erraztasuna, nekazarien artean dagoen interes homogeneotasunaren ondorioz, batez ere kooperatibak ekoizpen batekin baino ez badute lan egiten.

Oro har, kooperatiba hauen sozietate-osaketaren kudeaketa eraginkorrak beraien arrakasta eta porroterako funtsezkoak diren antolaketa-faktoreak hartu beharko lituzke kontuan eta, beraz:

a. Ekoizleen arteko interes-homogeneotasuna, ahal den neurrian, sustatzea, behar izanez gero ekoizpen bakoitzerako kooperatiba bat sortuz.

b. Beharrezkoa bada, antzeko helburuak lor daitezke kooperatiba bakoitzean ekoizpen bakoitzerako berezko atalak eratuz, antolaketarako eta ekonomiaren kudeaketa autonomoz (ik. VIII IDAZPURUA).

c. Aldi berean, ekoizpen bakarra prozesatu edo merkaturatzen duten kooperatibak beraien artean eraturiko bigarren mailako kooperatiben bidez edo beste mota bateko kooperatiba-taldeen bidez elkar daitezke.

d. Bestaldetik, jardueraren kontrol egokia ziurtatzeko[40], geografiaren aldeko kohesioa gorde behar da, eskualde edo herrialde bakoitzean kooperatiba ezberdinak (edo kooperatibaren atalak) sortuz.

Kooperatiba hauetan bazkideen interes-homogeneotasuna funtsezkoa da. Horra hor zergatik sozietate mota honek gero eta merkatu-kuota handiagoak eskuratzeko joera duen balioetsi eta sailkatzeko errazak diren ekoizpenetan (zerealak, esnea...), zailak direnetan baino (frutak, abereak).

Aldi berean, geografia-homogeneotasunaren faktorea ere funtsezkoa da. Horra hor zergatik den horren zaila estatu handietan estatu mailako nekazaritza-kooperatibak aurkitzea: horren ezberdinak diren interesak antolatzeko egituran eta agintean sortzen diren zailtasunen ondorioz (Helmberger eta Hoss, 1965: 185).

Hori dela-eta, zenbaitetan aipatu da zein puntutaraino izan den garrantzitsua nekazaritza-kooperatibetan bazkideen arteko «kultur homogeneotasuna» iraunaraztea, bai eta, batzuetan esan da, jatorri etnikoarena ere (Hansmann, 2000: 140; Heflebower, 1980: 67-68, 73).

---

artean, Kooperatibako Zuzendari Nagusia (CEO). Hala ere, ez da ohikoa eta, bestaldetik, zuzendari nagusia ez da lehendakaria. Gehiagotan, izendaturiko batzordekideen artean, ikertzaileak edo harreman publikoetan adituak diren norbanakoak agertzen dira... Kooperatibako zuzendaritzak ez dauka zeresanik batzordekideak izendatzeko orduan, eta batzuetan batzordeak berak ere ez du parte hartzen hautesleak proposatzean... Zuzendariek batzordearen esku uzten dituzte, erabakiak hartzeko, garrantzitsuak edo gatazkatsuak izan daitezkeen gaiak. Batzordeek hurbil artatzen dute zuzendarien eraginkortasuna eta, askotan, ondo ez dabiltzan zuzendariak aldatzen dituzte. Kooperatibetako zuzendariengan eragin handia dute bazkideen interesek» (Hetherington, 1991: 109-111).

40. «Nekazarien zaintzaren eraginkortasuna... handiagoa da kooperatibako bazkideak bata bestearengandik hurbil biziz gero» (Heflebower, 1980: 44).

3.3. BEZEROA BAZKIDE GISA.

Irizpide orokor gisa, bezeroek interes homogeneoak badituzte eta zaintza eraginkorra egiteko kokapen egokian badaude, eraginkorra izan ohi da bezeroen jabetza kapitalaren jabetzaren ordez, nahiz eta merkatuaren inperfekzio maila mugatua izan (Hansmann, 2000: 167).

Salbuespen gisa, betiko *kontsumitzaileen kooperatibek,* azken hartzaileak diren kontsumitzaileei oinarrizko ondasunak hornitzen dizkietenak, bezerook erakartzeko gaitasuna galdu dute, merkatu honen lehiakortasunaren hobekuntza nabarien ondorioz. Betidanik lanean dauden kontsumitzaileen kooperatiba handiek baino ez diraute, eta geroxeago aztertuko ditugun arazoekin korporazio-agintean.

Bezeroak bazkidearen kokapena hartzearen ondorioak aztertzeko, oinarrizko hiru motatako kooperatibak aztertuko ditugu: nekazaritza-horniketen kooperatibak, xehekarien kooperatibak eta oinarrizko ondasunen kontsumitzaileak diren norbanakoak elkartzen dituzten kooperatibak.

A. NEKAZARITZA-HORNIKETEN KOOPERATIBAK

Lehiakortasun maila txikia duten banaketa-merkatuetan dihardute kooperatibok. Nekazarien konfiantza dute hornitutako ekoizpenen kalitatearen inguruan.

Korporazio-agintearen ikuspegitik, antolaketa-kostu murritzak dituzte, bazkideek duten antolaketa-eraginkortasunaren ondorioz, jardueran epe luzera dirautelako eta jarduera hori oso garrantzitsua delako beraien ekonomietarako.

Nekazaritza-ekoizleen kooperatiben antza, kooperatibok ere joera nabaria dute ekoizpen-homogeneotasunaren arabera antolatzeko, bai eta esparru geografiko mugatua edo lokalaren arabera ere (geroxeago, zabalagoak diren esparruetan bilduz edo federatuz).

B. XEHEKARIEN KOOPERATIBAK

Gehienetan, oso lehiakorrak ez diren merkatuetan, edo oligopolio moduan eratuetan, aukera berriak zabaltzeko asmoz eratu ohi dira kooperatibok.

Xehekariak zaintzaile eraginkorrak dira, horniketen kooperatibok beraientzat duten garrantziagatik eta, bestaldetik, harremanak epe luzera iraun ohi duelako.

Horrela, oso kokapen egokian dago merkataria handizkaria den kooperatibaren jarduerak zaintzeko kostu handietan sartu gabe (edo, gutxienez, ez erosketak merkatuan egitearen kostuak baino handiagoetan) (Hansmann, 2000: 159).

C. OINARRIZKO ONDASUNEN BEZEROEN BETIKO KOOPERATIBAK

Bezero hauentzat, gehienetan, murritzak dira merkatuan ondasunok eskuratzeko kostuak: merkatu xehekariak, ondasun gehienontzako, nahiko lehiakor dira salneurriak kostutik hurbil iraunarazteko. Bestaldetik, ondasun eta zerbitzuak ia-ia beti errazak edo estandarizaturik dira edo, bestela, horren modu errepikakorrean erosten direnez, ez dago arazo handirik ekoizpenaren kalitatean bezeroak duen konfiantzaz.

Bestaldetik, kooperatiba hauetan antolaketa-kostuak oso handiak izan ohi direla esan da. Bezero gehiegi dira, behin-behinekoak eta sakabanatuak, modu erraz eta eraginkorrean antolatu ahal izateko. Iritzi hau zalantzatan jarri behar da kooperatiba mota hau ezagunena den esparruan: betiko elikadura-ondasunen kooperatibena. Kooperatiba mota horretako jabetza eskuratzearen kostuak murritzak dira; batez ere, informazioa eskuratzearen kostuak eta, bestaldetik, enpresarekiko eskualdaketen balioaren inguruan bezeroak diren bazkideek erabakiak hartzearen kostuak. Xehekari horiei egindako erosketak aurrekontu garrantzitsuak dira familientzat, bezeroek epe luzera egiten dute lan denda berberarekin eta, askotan, erosten duten dendaren inguru hurbilean bizi dira. Nahiz eta ekoizpenak askotarikoak izan, bezero guztiek erosten dituzte ekoizpen sorta zabalak (Hansmann: 2000, 162).

Betiko bezeroen kooperatiba xehekariok gainbehera doaz mundu osoan azken hamarkadotan. Horren arrazoia, zalantzarik gabe, merkatu honek duen lehiakortasun maila handia da. Horren ondorioz, desagertu egin da kooperatiba baten bidez bezeroek elkartzeko izan zuten motibazioa.

Ikusiko dugunez, kooperatiba hauek korporazio-agintean dituzten arazo larriei aurre egiteko sakoneko irtenbideen artean, bazkideentzat interesgarriagoak diren ekoizpen edo zerbitzuetan sartzea proposatu egin da.

Enpresaren teoria instituzionalarekin loturiko ikerketek horrelako ekoizpen eta zerbitzuak zehazteko zenbait ideia edo irizpide ematen dizkigute. Irizpide horien artean, ondokoak azpimarra daitezke:

a. Banaketa-merkatu akastuna edo inperfektua duen ekoizpen edo zerbitzua izatea.

b. Bazkideentzat garrantzitsuak diren ekoizpen, zerbitzu, edo berauen sorta bat izatea.

c. Antolaketa/agintearen kostu txikiak izatea (bazkideen iraupena, bazkideek kooperatibizazioan duten interesa).

3.4. JARDUNIK GABEKO BAZKIDEEN KOKAPENA

Kooperatiben Legedia, betidanik, ondo eratu gabea eta kasuistika handikoa izan da. Horren ondorioz, kooperatiben enpresa-errealitatera ere ez zen egokitzen. Errealitatean sorturiko egoera asko —eta hainbeste kooperatibatan ohikoak direnak— ezin ziren bideratu indarrean zegoen legedian eta, beraz, kooperatiben jarduera estutzen zuten, behar baino gehiago.

Hori dela-eta, eta lankidetzak berak eskatuta, hainbat figura berri sortu zuten legegileek, izen ezberdinekin: finantza-bazkidea, bazkide elkartua, jardunik gabeko bazkidea, erabiltzailea ez den bazkidea, bazkide laguntzailea, etab. Horrek denak, ikuspegi sistematikotik, zentzu handirik ez du. Tresnok kasuan kasuko araupen ilun eta nahaspilatu baten ondorioak dira. Egia da, zenbaitetan, interesgarriak ziren errealitateko arazoak bideratu dituztela, baina era nahasian, eraginkortasunik gabekoan eta kooperatiben benetako izaera nolabait ezkutatzen duen eran.

Ikuspegi orokor batetik, jardunik gabeko bazkideen araupenaren helburu funtsezkoa errealitatean sortzen diren zenbait kasu berezi bideratzea da. Kooperatiba mota bakoitzean ohikoak diren bazkide motak —bazkide kooperatzailea, lanbazkideak, bazkide erabiltzaileak, etab— ez dira nahiko kasu berezi horiek bideratzeko eta bazkide-izaera behar duten norbanako zein erakundeen sozietatekokapena konpontzeko.

Europako Kooperatiba Elkartearen estatutuaren 59.3 atalean arautzen den tresna «bazkide diru-ezarleak» dira, beste legedietan «finantza-bazkidea» dena.

Espainiako legedietan «jardunik gabeko bazkideen» izena bazkide kooperatzaile ohientzako sorturiko tresna berezia da, «bazkide laguntzailea» delako figuraren ezberdina. Azken hori, beste legedietako «finantza-bazkideen» antza, askoz tresna zabalago eta erabilgarriagoa da. Ohiko bideetatik bazkide ezin izan daitezkeenak bazkide bihurtzea da, azken finean, tresna honen helburua.

Horrela, hiru motatako bazkideok ditugu:

a. Finantza-ekarpenak egiten dituzten bazkideak.

b. Kooperatiba-jardueratik kanpoko beste bideetatik kooperatibari laguntza ematen dioten bazkideak.

c. Kooperatibarekin harremanik izan gabe, beste arrazoi batzuengatik bazkide-izaera eman nahi zaien bazkideak.

Jardunik gabeko bazkideak, errealitatean, oso ezberdinak dira kooperatiba mota bakoitzean eta kooperatiba bakoitzean ere. Batzuetan, boto kopuruen ehuneko garrantzitsuetara heltzen dira, horretarako mugak oso ezberdinak izanik legedietan (% 25 Europako Kooperatiba Elkartearen estatutuan, % 50 euskal legedian).

Argi dago tresnok indarrean jartzeak, nahiz eta era mugatuan izan, bazkide kooperatzaileen boto-eskubidea murrizten duela neurri batean eta, beraz, kooperatibaren elkarte-agintearen banaketan eragin zuzena duela.

Harrigarria da zenbait kooperatibatan zelako erraztasunez eman zaizkien horrelako bazkide multzoei boto kopuruen ehuneko garrantzitsuak (1/3 ere estatutu askotan), benetako beharrik gabe eta Errektore Batzordearen eskuetan utziz jardunik gabeko bazkide-izaera hori nork —eta noiz— hartuko duen erabakitzeko ahalmena. Kooperatiben estatutuetan aurreikusten den irizpide horrek ez dauka funtsik. Horrelako tresnen beharra aurreikusiz gero, askoz jarrera zuhurragoa izan beharko litzateke, bazkide multzook, oro har, eskura dezaketen gehienezko botoa ehuneko askoz txikiagoetan uztea (% 3, % 5), aurretik ez bada ikusten ehuneko handiagoak oinarritzen dituen beste beharrik.

3.5. KOOPERATIBA MOTAK ETA BAZKIDE MOTAK

Kooperatiben agintean —eta, batez ere, bazkideen eta erakundearen arteko harremanetan— kontuan hartu beharreko funtsezko gaia da kooperatiba motak aztertzen dituena. Ikusiko dugunez, gai hori harreman estuan dago kooperatiba bakoitza eratzen duten bazkide motekin.

Kooperatiben berezko ezaugarri hau oso deigarria egiten zaie beste ezagutza-esparruetatik kooperatibetara hurbiltzen direnei.

Kooperatiba moten kontzeptuaren ondorioz —eta hortik sorturiko legediaren adarkatze konplexuagatik— kooperatiba-elkartearen lege-eraketa nahastu egiten da nabarmen[41].

Ikuspegi logiko baten arabera, sailkapen honek ez du zentzurik. Kooperatiba mota batzuk bertako gehiengoan dagoen bazkide motaren arabera sailkatzen dira —lan-kooperatibak, adibidez—. Beste batzuk garatutako enpresa-jardueraren arabera —etxebizitza-kooperatibak, nekazaritza-kooperatibak, etab.—.

---

41. Espainiako 1999ko Kooperatiben Lege Orokorraren egitasmoa lantzen ari zen bitartean, Estatuko ordezkariek oso proposamen interesgarria egin zuten hasieran. Teknikoki ondo pentsatuta eta zintzotasunez bideratuta, baina agian lankidetza oso ondo ezagutu gabe, lege berrian kooperatiba moten zerrenda luzea alboratu eta, horren ordez, lan-kooperatibak eta zerbitzu- edo kontsumo-kooperatiben arteko sailkapen bakarra ezarri zuten.

Ikuspegi teorikotik ikusita, oso erakargarria zen proposamena. Ordua zen honi buruz norbaitek proposamen logiko eta arrazoitsua egiteko eta Kooperatiben Legedian arlo honetan betidanik izan den nahaspilaketa konpontzen hasteko. Hala ere, aldaketaren garrantziaren aurrean, kooperatiben elkarteak beldurtu ziren eta, azkenean, proposamena ez zen atera aurrera. Kooperatiben Legedian ohikoa denez, ez da lan egiten etengabeko hausnarketen bidez, baizik eta lege berri bat prestatzen hasten den momentutik aurrera. Horra hor zergatik den oso zaila proposamen berritzaileak aurrera ateratzea, nahiz eta interes handikoak izan, ez baitago horretarako behar den gutxieneko adostasuna egin beharreko aldaketak oinarritzeko.

Berez, kooperatiba moten jardueraren arabera egindako sailkapenak ez du oinarritzen Kooperatiben Legedian ematen zaion garrantzia. Zenbait enpresa-jarduera garatzeak —bereziki oso araututako jarduerak badira: aseguruak, banka, banaketa, irakaskuntza, etxebizitzak— lege-ondorio zehatzak izan ditzake, baina ez du oinarritzen legearen araberako «kooperatiba mota» delakoa bihurtzea[42].

Nora eramango luke kooperatiba moten eraketa hori sakonean berraztertuko lukeen Kooperatiben Legediaren balizko aldaketak?

Kooperatiba mota batzuen eta besteen arteko egiturazko ezberdintasunak aztertuz gero, eta enpresa-jardueraren kontzeptua baztertuta, argi geratzen da bi edo, gehienez jota, oinarrizko hiru kooperatiba mota topa ditzakegula:

a. Menpeko lanak bazkide-izaera hartzean oinarritutako kooperatibak. Bertan, boto-eskubidearen gehiengoa enpresako langileen esku uzten da.

b. Kooperatiba-jarduera bezero zein hornitzaileekin garatzen duten kooperatibak. Bertan, boto-eskubidearen gehiengoa bazkide multzo hauen esku uzten da.

c. Kooperatiba *integralak*, bertan boto-eskubidearen gehiengoa enpresako langileen eta bezero zein hornitzaileen artean banatzen da.

Sailkapen honen gakoa hauxe da: bezero eta hornitzaileen kooperatibez ari garenean, betiko kooperatiba mota asko sartzen ari gara kontzeptu horren barruan: kontsumitzaileen kooperatibak, zerbitzu-kooperatibak, bigarren mailako kooperatibak, nekazaritza-kooperatibak, etxebizitza-kooperatibak, garraio-kooperatibak, mailegu-kooperatibak, etab.

Garatutako jardueratik aparte (etxebizitzak sustatzea, ondasunen banaketa, kooperatibak integratzea, nekazaritzarako zerbitzuak, garraioa, etab.), egituraren aldetik, oso antzekoak dira kooperatibok.

Ez dago zalantzarik Kooperatiben Zuzenbidea kooperatiba mota hauek errazten eta egituratzen hasi behar dela lehenbailehen. Bestela, kasuan kasuko oraingo irizpidearekin jarraituz gero, gero eta egoera txarragoan aurkituko gara. Kooperatiben garapenaren eta lankidetzaren barruan jarduera-esparru berriek gero eta pisu handiagoa hartzearen ondorioz, etengabeko presioa sortzen da koope-

42. Badago arrazoi bat azken urteotan lege-eraketa konplexu hau konpontzea horren zaila zergatik izan den ulertzeko. Jarduera-esparru batzuetan kooperatibek duten indarraren ondorioz, esparru horietara mugatzen diren kooperatiben elkarte edo federazioak sortu dira. Eta elkarteok beraien etorkizuna edo, hobeto esanda, haien oinarri kontzeptuala, neurri batean zalantzatan ikusten dute kooperatiba mota horiek orain duten lege-oinarri hori galduz gero.

Arazo honek, sakonean, ez du zentzu handirik. Gauza bat da kooperatiben elkarteen egituratzea eta beste bat, oso ezberdina, legediaren eraketa. Guztiz bateragarria da kooperatiba moten sailkapena legean erraztea eta kooperatiba-elkarteen orain arteko antolaketa iraunaraztea.

ratiba mota berriak sortu edo legez onartzeko, Kooperatiben Legediaren amaraun nahaspilatu hori are gehiago nahastuz[43].

Azken finean, kooperatiba mota ezberdinak arautzeak ez du oinarririk bazkide motaren kontzeptuan ez bada oinarritzen. Horra hor zergatik den beharrezkoa bazkide mota hauek (lan-bazkidea, bezero hornitzailea, diru-ezarlea) arautzea, oraingo kooperatiba moten sailkapen bitxi hori gaindituz.

Egiaz, sakoneko ezberdintasunak daude —antzekorik ez dago, printzipioz, kapital-sozietateetan— kooperatibetako bazkide moten artean:

a. Lan-bazkidea.

b. Hornitzailea/bezeroa den bazkidea (honen barruan kooperatiba-bazkideen kontzeptua sartuz).

c. Jardunik gabeko bazkidea (diru-ezarlea, laguntzailea, etab.).

Bazkide mota horietako bakoitzak ezaugarri bereziak ditu kooperatiban parte hartzeko orduan, arlo ezberdinetan:

a. Kooperatibaren agintean duten parte-hartzean (boto-eskubidearekin loturiko berezko mugak; aginte-organoetan parte hartzeko mugak).

b. Erakundearen ekonomia-jaurbidean duten parte-hartzean (kapitala ekartzeko mugak; kapital mota berezien berezko mugak; etekinetan parte hartzeko mugak).

c. Kooperatiba-jardueran duten parte-hartzean (bertan parte hartzen denetz; kooperatiba-jarduera bat bakarra ala plurala den; langile, bezero edo hornitzaile gisa parte hartzen den; adibidez, langile gisa parte hartzeak, berezko «Kooperatiben Lan Zuzenbidea» ezartzea dakar legedi askotan).

Askotan, *bazkide mota* ezaugarri hau funtsezkoa da kooperatibaren agintearen egituran. Bazkide mota ezberdinak kooperatiba bakar batean elkarrekin bizitzeak

43. Egoera honen aurrean, nondik hasi jakitea da zailena. Herri bakoitzean egiten den lege-aldaketa oro erabili behar da, ene ustez, lege-egitura hau errazten hasteko edo, gutxienez, oraingo sailkapena are gehiago ez nahasteko.

Aukera zehatz batzuk aipa daitezke. Bigarren mailako kooperatibek beste erakundeentzako zerbitzu-jarduerak bideratzen dituztenez, ez al da komenigarria zerbitzu-kooperatibak eta bigarren mailako kooperatibak batera arautzea? Egia da oraingo bigarren mailako kooperatibek arau berezi batzuk dituztela baina horretarako, kooperatiba-taldeen araupena izan daiteke lekurik egokiena.

Aurreratzeko beste bide bat kontsumo-kooperatibei izaera orokorra ematea izan daiteke, 1993ko Euskadiko Legearen bideari jarraituz, honen barruan bezeroekiko harremanak adierazten dituzten kooperatiba mota guztiak bilduz, Legean zehazki arauturik ez badaude.

Azkenik, zerbitzu- edo kontsumo-kooperatibak apur bat gehiago landuz gero, oso zehazturik ez dauden kooperatiba mota batzuk integratzeko aukera bat izan dezakegu: garraio-kooperatibak, aseguru-kooperatibak, hezkuntza-kooperatibak, etab.

sortzen duen arazo multzoa zabala da eta ez da batere erraza lan honetan aztertzeko. Momentuz, nahikoa da esatea kooperatibaren agintea kudeatzeko orduan ezagutu behar dela eta oso kontuan hartu behar dela:

- Kooperatiban dauden bazkide motak.
- Bazkide mota horiek dituzten interesak erakundearekin harremanetan jartzeko orduan eta interes horien arteko balizko kontraesanak.
- Interes horiek zehazteko orduan —eta beraien betetzearen ebaluazioan— kooperatibaren helburuek duten eragina.
- Bazkide mota bakoitzak aginte-organoetan duen parte-hartzea, gehiengoak osatzeko orduan duen eragina, etab.
- Bazkide mota bakoitzak dituen berezko interesak ondo bideratzen direla ziurtatzeko, behar diren ekonomia-zaintzarako eta korporazio-aginterako neurriak hartzearen garrantzia.

Kooperatiba integralak edo bitariko kooperatibak eratu aurretik —eta, oro har, kooperatiban bazkide mota ezberdinak onartu aurretik— bazkide mota ezberdinok dituzten interes-ezberdintasunek antolaketaren konplexutasuna nabarmen handitzen dutela hartu behar da kontuan eta, horren ondorioz, arrisku nabariak sortzen direla korporazio-agintean. Zenbait egilek argi eta garbi azaldu dute oso adierazgarria dela inguru zehatz batzuetatik kanpo oso arraroa izatea stakeholder multzo ezberdinek enpresaren jabetza partekatzea[44].

3.6. BAZKIDEAK BITARIKO KOOPERATIBETAN

Aipaturiko kasuak baino deigarriagoak dira bitariko kooperatibak, hasiera-hasieratik egileen hainbat azterketa eragin dutenak. Kooperatibok Euskadiko Kooperatiben Legearen 136. atalean daude araututa, bai eta Espainiako Lege Orokorrean eta beste autonomia-erkidegoen antzeko arauetan ere.

Sakonean, kooperatibon *akzioduna* gainerako legedietan arauturiko bazkide *diru-ezarlea*ren edo *jardunik gabeko bazkidea*ren antzekoa da, beste legedietan eta Europako Kooperatiba Elkartearen estatutuan arautzen direnak. Bitariko kooperatiben berritasun funtsezkoak dira, alde batetik, bazkide *kapitalistek* Batzar Nagusian botoen % 49 eskuratzeko duten aukera alde batetik, eta, bestetik, bazkide kapitalisten eskubide eta betebeharren araupena sozietate anonimoen akziodunarena izatea.

Bitariko kooperatiba hauen bitartez kapital-sozietatearen eta kooperatiba-elkartearen artekoak diren sozietate motak ez egotearen ondorioz enpresa-errealita-

44. «Taldeko erabakiak hartzearen kostu handien aztarna indartsuenetariko bat hauxe da: ia-ia ez egotea jabe mota ezberdin bi edo gehiago enpresa handien jabetza partekatzen dutenik, bezero eta hornitzaileak adibidez, edo diru-ezarleak eta langileak» (Hansmann, 2000: 44).

tean sorturiko hainbat arazo bideratu nahi ziren. Eta oso urrats garrantzitsuak dira bide horretatik.

Hasieran, itxaropen handiak sortu zituzten bitariko kooperatibek *joint-venture* direlakoen edo nazioarteko diru-ezarle zein laguntzaile diren enpresen integrazioa bideratzeko. Kooperatiben zuzendari askok uste zuten kooperatiba mota horren bitartez askoz errazagoa izango litzatekeela kooperatibek eta kanpoko beste erakundeek bat egitea, ordura arte kooperatiben eta kapital-sozietateen artean erdibideko sozietate motarik ez baitzegoen eta, beraz, integraturiko enpresak sortzea ez zen batere erraza. Iritzi hauen arabera, kanpoko diru-ezarleek akziodunaren lekua hartuko lukete, gutxiengo boto-eskubidearekin, baina ehuneko funtsezkoa eskuratuta.

Egiaz, legediak onarturiko boto-eskubidearen % 49 hori oso portzentaje altua da. Kontuan hartu behar da akziodun bakoitzaren benetako indarra ez dagoela harremanetan bakarrik Batzar Nagusiko boto kopuru guztien barnean duen ehunekoarekin, baizik eta, batez ere, gainerako botoen titularren sakabanatze mailarekin. Horrela, boto-eskubidearen % 30, 40 edo 45 duen kapital-bazkide batek bazkide kopuru handia duen kooperatiba bat kontrolpean izango du, zalantzarik gabe.

Hala ere, aipaturiko itxaropen horiek ez dira bete. *Joint-venture* direlakoak bideratzeko negoziazio askotan aipatu eta aztertu egin da bitariko kooperatibak eratzeko aukera, baina ia-ia inoiz ez dira gauzatu. Kooperatibek eta kapital-sozietateek duten kultura juridiko ezberdinak dira, ziur asko, horren arrazoia. Kanpoko diru-ezarle edo estrategia mailako laguntzailea ez dago bakarrik interesaturik Batzar Nagusiaren boto-eskubidearen ehuneko handi bat eskuratzean. Erakundearen barruan hartzen dituen eskubide eta betebeharrak ulertzeko eta horien inguruan ziurtasuna izateko gai den lege-araupena ere nahi du. Kooperatiben eskubide- eta betebehar-jaurbide hori kooperatiben mundutik datozenek bai ulertzen dutela, baina inguru kapitalistatik datozen enpresariek —eta, batez ere, lege-aholkulariek— ulertzea askoz zailagoa da. Hitzak, egiturak, sistemak eta kontzeptuak oso ezberdinak dira Kooperatiba Zuzenbidean, haientzat ulertzeko zailak, eta horrek sortzen duen nahasmen-sentsazioak ezinezkoa egiten du enpresariok kooperatiben lege-esparruaren barruan kokatzea.

Hala ere, aipaturiko enpresari horietatik aparte, beste mota batzuetako kanpoko bazkideek ere kooperatibetan parte hartzeko tresna gisa gaitasun handia erakutsi dute bitariko kooperatibok. Zehazki, oso aukera interesgarria da kooperatiben sortzaileen partaidetza eta intzentibazioa sustatzeko.

Dakigunez, nabaria da oso enpresa sortzaile gutxik aukeratzen dutela kooperatiben lege-egitura eta, horren ondorioz, etengabe jartzen ari da zalantzatan lankidetzaren baliagarritasuna. Derrigorrezkoa da horrek eskatzen duen hausnarketa egitea eta egoera hori derrigorrez lankidetzaren berezkoa den ala ez. Azterketa horren ondorioz, jakin beharko genuke ea posible den, Kooperatiben Legedian aldaketa batzuk eginda —kooperatiben oinarrizko izaerarekin bateragarriak direnak—, lankidetza indartzea enpresa berrien sorreraren esparruan haren presentzia handituz.

Momentuz, horrelako azterketaren abiapuntuak argiak dira: enpresa-sustatzaileek ez badute sortzen kooperatiba, horren arrazoiak argi daude. Kooperatibak sortzeak elkarte-aginteari eta etekinei etengabe uko egitera derrigortzen ditu sortzaileak enpresara sartzen diren bazkide berriekin bananduta (lan-bazkideak, bazkide kontsumitzaileak, etab.) .

Hauxe da gakoa: ea posible den arazo multzo hau leuntzen duten zenbait lege-tresna lankidetza-legeetan ezartzea. Aukerok dabiltza aztertzen azkenotan egileak eta irtenbide ezberdinak aipatu dira, finantza-tresnen aldetik, etekinetan parte-hartzearen aldetik, etab.

Aukera sendoago gisa, kooperatiben sortzaileei argi eta garbi boto kopuru bat eta etekinetan parte hartzea onartzea ere aztertu da. Legedi hauen benetako kooperatiba-izaeraren aurkakoak al dira neurriok? Argi eta garbi, boto-eskubidearen zati bat ez badagokie jardueran parte hartzen dutenei baizik eta, nahiz eta neurri batean baino ez izan, kooperatiba sortu zutenei, horren ondoriozko egitura ez dator bat kooperatiben ohiko ereduarekin.

Hala ere, ez dugu ahaztu behar ondokoa:

a. Sortzaileei ematen dizkiegun eskubideok behin-behinekoak izan daitezke eta, azkenik, oso-osoan kooperatiba-izaera duen egitura bihurtu. Sortzaileen aldetik, hori onartzeko bi arrazoi egon daitezke:

- Proiektua asmatu eta kooperatiba sortzeko orduan egindako ahalegina nahiko ordainduta izan dela uste izatea.
- Kooperatibaren erabaki-gaitasunaren ehuneko handi bat gordetzeko berebiziko interesik ez izatea.

b. Ez dugu beldurrik izan behar, alderantziz, kooperatiben eta kapital-sozietateen arteko erdibideko sistemak garatzeko. Egiturok, jakina, ez dira izango betiko kooperatibak bezain *garbiak* baina oso lagungarriak izan daitezke lankidetzaren epe luzerako gero eta gehiagoko garapenerako. Gainera, egituron berezko garapenaren ondorioz, bitariko egituren bidez sorturiko kooperatibak, geroko kooperatiba *garbi*en jatorria izan daitezke ere.

Helburuok bete ahal izateko, aukera handiak eskaintzen ditu bitariko kooperatibak. Horren bitartez, sortzaileak boto eta etekinen % 49 ere eskuratzeko aukera du, bazkide kapitalista gisa.

Helburu sortzaile honekin, enpresa-jarduera berriaren sortzaileek, bitariko kooperatiba sortuz gero, boto-eskubidearen % 49raino gordeko lukete, bazkide kapitalista gisa, eta gainerakoa —% 51 gutxienez— bazkide kooperatzaile gisa jardueran sartzen doazen pertsonen artean (langileak, bezeroak, etab.) banatzeko konpromisoa hartuko lukete.

Oso tresna interesgarria da hau, ez bakarrik kooperatzaileentzat edo lankidetza ezagutzen duten pertsonentzat, baizik eta kooperatibagintza ezagutzen ez duten enpresa sortzaile gazteentzat ere. Gazteok, enpresa garatzeko stakeholderrak egituran integratzearen interesa —jardueran inplikatuak sentitzeko eta jarrera geldoa ez hartzeko— gero eta hobeto ulertzen dute.

Integrazio horren abantailak kontuan hartuz, gazte askok ulertuko dute horrelako egiturak oso interesgarriak izan daitezkeela bateragarriak egiteko sortzaileen interesak eta stakeholderren inplikazioa.

Horrela, bada, garrantzi handikoak izan daitezke tresnok bai enpresa berriak sortzeko bai eta lankidetzak gizartean duen esparrua zabaltzeko ere.

3.7. BAZKIDE DIREN KOOPERATIBAK

Esan dugunez, kooperatiben funtsezko egitura honako hiru irizpide hauetan oinarritu ohi da:

a. Boto-eskubidearen gehiengoa —eta beraz, agintea— enpresan lan- edo laguntza-ekarpena egiten duten norbanakoen eta erakundeen esku —eta ez diru-ezarleen esku— uztea.

b. Bazkide horiei emandako boto-eskubide hori denen artean modu orekatu edo berdintzailean banatzea.

c. Salbuespen gisa, jardun gabeko bazkideak edo bazkide diru-ezarleak onartzea, boto kopuru mugatuarekin.

Azken hamarkadotan beste salbuespen bat ere hedatu da, gero eta gehiago —eta, batez ere, 1993ko Euskadiko Legearen ostean—: bazkide diren kooperatiben boto plural kualifikatua.

Bazkide diren kooperatiben araupenak jatorri eta helburu argiak ditu. Kooperatiben taldeak eratzea, ikusiko dugunez, oso eginbide nahasia izan da betidanik eta beraien eraginkortasunerako beharrezkoak diren tresnen falta nabarmena. Horrela, batzuetan, lankidetzan ohikoak ez diren egituren beharra ikusi da, talde bereko kooperatiben harremanetan guztiz ulergarriak izango liratekeelakoan.

Hausnarketa horren ondorioz, kooperatiba batzuek beste kooperatiba batzuetan parte hartzeko duten tresnei malgutasun handiagoa emateko beharra azaldu zen. Eta, zehazki, kooperatiba bateko Batzar Nagusian talde bereko beste kooperatiba batek izan ahal duen boto kopuruari. Horrela, Euskadiko 1993ko Kooperatiben Legeak hauxe arautu zuen: ohiko bazkideek boto plurala izateko dituzten mugak ez zirela ezarriko beste kooperatibetako kideak diren kooperatiben kasuan. Helburua, esan dugunez, kooperatiben arteko bateratze-tresnei malgutasun handiagoa ematea zen, taldeen eraketan guztiz ulergarriak direnak.

Beste kooperatiba bateko bazkide den kooperatibak eskura dezakeen boto kopuruaren mugen malgutze horren ondorioz, orain arte ezezagunak izan diren «kooperatiba filialak» edo «menpeko kooperatibak» sortzeko aukera dugu.

Kooperatiba batek beste kooperatiba batean parte hartzen badu azken horren Batzar Nagusia —edo administrazio-organoa— menperatzeko behar den beste botorekin, partaidetzazko enpresa-taldeetako kapital-sozietateak lotzeko erabiltzen diren egitura berberak ditugu.

Errealitatean aurkitzen diren hainbat arazo bideratzeko tresna egokia da hau. Batez ere, kooperatiben talde horizontalek —derrigorrez arinagoak eta ezegonkorragoak— ezin bidera ditzaketen enpresen arteko egiturazko harremanak.

Batzuetan, partaidetzazko taldeek duten sozietate bateratze-tresnen antzeko egiturak behar dira eta kontratu bidezko kooperatiben taldeek sortzen dituzten harreman ezegonkorrak ez dira nahiko enpresen beharrak bideratzeko.

Azken urteotako errealitateetan sorturiko zenbait kasutan, sozietate-tresna hau erabilita, jarduera batzuk lankidetzaren barruan gordetzea lortu da. Tresnok erabili ezean, enpresaren eraginkortasunaren aurkako irtenbideak bilatu beharko ziren edo, bestela, lankidetzatik ateratzeko erabakiak hartuko ziren, kapital-izaera duten menpeko sozietateak eratuz.

3.8. LANKIDETZAREN MUGAK

Jardunik gabeko bazkideen eta bazkide diren kooperatiben bidez, kooperatiben korporazio-agintearen betiko egiturak nolabait apurtu dituzten esparruak zabaldu dira. Hori, nahiz eta aipaturiko abantailak izan, lankidetzarekin identifikaturik dauden zenbait adituren ustez kezkagarria izan daiteke.

Ez al gabiltza gainditzen kooperatiben egituren logika? Beharrezkoa da honi buruzko hausnarketa bat.

Dakigunez, kooperatiben lege-esparrua alde batetik —orain arte oso zehatza eta kasuan kasuko araupena izan dena, «kooperatiba garbia» delakoa arautzeko asmoz— eta kapital-sozietateak bestetik, sozietate-araupen eraginkorrik ez duen bitarteko esparru pertsonalista zabala dugu. Jakina, zenbait legeditan *partnerships* direlakoak ditugu, eta geure inguruan sozietate kolektiboak eta komanditarioak, baina sozietate mota horien lege-egitura aztertuz gero, argi gelditzen da ez dutela balio hutsik dagoen esparru hori betetzeko. Gaur egun, eta salbuespenak salbu (helburu zehatz batzuetarako ekonomia-intereseko elkarketak, adibidez), erantzukizun mugaturik ez duen sozietate mota bat arrakastatsua izatea ia-ia ezinezkoa da. Eta kapital-sozietateek alde batetik eta gizarte-ekonomiaren arlokoek bestetik (kooperatibak, mutualitateak, aurrezki-kutxak) baino ez dute erantzukizun mugatu hori. Partnerships, sozietate kolektibo eta komanditarioek aukera hori ez dutenez, ez kooperatibek ez eta beste ekintzaile ekonomikoek ere ezin dituzte erabili kooperatiben eta kapital-sozietateen arteko eraketa juridiko horiek behar dituzten jarduerak bideratzeko asmoz.

Kooperatiba Zuzenbidearentzat berarentzat ere, oso arazo larria da aukera hori ez izatea. Enpresen errealitatea ez da estatikoa eta, beraz, epe luzerako jarduerak garatzeko, enpresaren bizitzan sortzen diren egiturazko egoera askotarikoak bideratzeko gai diren sozietate-egitura malguak eta zabalak behar dira.

Oso zehatza eta estua den kooperatiben betiko zuzenbidean, bertan lekurik ez duen enpresa edo antolakuntzaren bilakaerako edozein gertaeraren aurrean, kapital-sozietateen araupenera jotzeko beste biderik ez dago. Horren ondorio argia da kooperatiben egiturak kooperatiba-izaera galtzeko etengabeko arrisku eta joeran iraunaraztea.

Horra hor, hain zuzen, zergatik den lankidetzaren erronka estrategikoa horrelako erdibideko egoerei lege-irtenbideak emateko duten betebeharraz legegileak kontzientziatzea. Hala ere, merkataritza-arloko legelariek eta legegileek ez dute behar den sentsibilitatea arazo honen garrantziaz eta berari irtenbideak bilatzearen interesaz konturatzeko. Hori dela-eta, ziur asko, kooperatiben legelariak izan beharko dira bide honetatik lehenengo urratsak emango dituztenak.

Kontuan hartu behar dugu honen antzeko kezka baten ondorioak direla kooperatiben lege-egituren etengabeko mugimenduak malgutasun handiago baterako joerak, orain arte lankidetzan aurreikusten ez ziren egoerak eta lege-eraketak gero eta gehiago onartuz.

Baina honek guztiak mugak ditu. Kooperatibek gizartean duten irudiaren garrantziaren aurrean, erakunde publikoen aurrean eta kooperatzaileen beraien aurrean, ez du ematen oso logikoa denik kooperatibaren izena erabili ahal izatea kooperatibaren betiko egituretatik urrunegi dauden enpresa motak bideratzeko.

Azaldu diren arrazoiengatik, bazkide diren kooperatiben eta bitariko kooperatiben bitartez, Kooperatiben Legediaren esparrua malgutzearen mugetara, alde honetatik, ailegatu gara. Hortik aurrera, beste mota bateko legediak izan beharko dira aipatu ditugun bitarteko lege-egitura horiek arautzeko erronkari aurre egiten diotenak.

4. Bazkideak eta agintearen kudeaketa

4.1. KOOPERATIBEN AGINTEAN BAZKIDEAK DUEN BENETAKO KOKAPENA

Laburbilduz, eta oro har, kooperatiba-elkarteen agintean banako bazkideak duen eginbeharra kapital-sozietate handietako bazkideena baino handiagoa da eta kapital-sozietate txikietako bazkideena baino txikiagoa.

Gai honen inguruan, ondoko eragileak dira funtsezkoak:

a. Erakundearen bazkide kopurua

Kooperatibak, derrigorrez, bazkide kopuru plurala duten erakundeak dira eta, jakina, mikroenpresa kapitalistetako enpresari txikiek duten jabetzaren zatiketa baino handiagoa.

Lan-kooperatibetan bazkide kopurua, asko jota, milaka gutxi batzuetakoa da eta —beraz— inoiz ez da heltzen korporazio kapitalista handietan jabetzak izan ohi duen zatiketara.

Hala ere, kontsumo- edo mailegu-kooperatiba handietan bada ohikoa bazkide kopuruak ehunka milatara edo milioitara ere heltzea. Horren ondorioz, erakunde horien aginte-arazoak eta kapital-korporazio handienak antzekoak dira neurri handi batean.

b. Boto-eskubidearen zatiketa

Boto-eskubideak duen banaketa berdintzailearen ondorioz, bazkide kopuruak sortzen duen aginte-zatiketa ezin da konpondu kooperatibetan erakundearen aginte eta kontrolean eragin zuzena duten kontrol-bazkideen bidez, kapital-korporazioetan gertatzen den bezala (salbuespenak bitariko egoerak izan daitezke: finantza-bazkideak, bitariko kooperatibak, etab.).

Horren ondorioz, kapital-korporazioek izan ohi duten jabetzaren zatiketa gainditzeko funtsezko tresna hori ez dago kooperatibetan.

c. Enpresaren jardueraren ezagutza

Jardueran duten partaidetzaren ondorioz, kooperatibetako bazkideek akziodun hutsek baino horren ezagutza handiagoa izan ohi dute. Enpresa mota guztietan zuzendaritza zaintzeko kostuak murrizteko funtsezko faktorea da hau (Hansmann, 2000: 35). Jakina, jardueraren ezagutza maila askoz handiagoa da lan-kooperatibetan eta hori funtsezko lehiaketa-abantaila da beraientzat[45]. Eta hori oso abantaila handia da lehiaketan. Garrantzitsua da, orobat, ekoizleen kooperatibetan (gehienetan nekazaritza-arlokoak) dagoen jardueraren ezagutza maila. Alderantziz, askoz murritzagoa da mailegu- edo bezero-kooperatibetan.

Horren inguruan, ez dugu ahaztu behar informazioaren kudeaketa —eta, beraz, ezagutza mailarena— gero eta bizkorrago aldatzen dabilela mota guztietako erakundeetan eta komunikazio-teknologia berriak funtsezko tresna izan daitezkeela bazkideek erabakietan parte hartzeko, informazioaren eskualdaketa erraztuz[46]:

- kooperatibatik bazkideei
- bazkideengandik kooperatibara
- bazkideen artean, irizpideak elkarri trukatzeko, Batzar Nagusiak prestatzeko, etab.
- bazkideen artean, iritzi-taldeen sorrera erraztuz

d. Enpresa-jardueran bazkideak duen inplikazioa

Enpresa-jardueran bazkideek duten parte-hartzearen ondorioz, gehienetan, inplikazio maila handiagoa izan ohi dute. Hala ere, inplikazio kontzeptua, bazkide bakoitzaren kasuan, harremanetan egon daiteke gai hauekin:

- jardueraren ezagutzarekin
- jarduerak bazkidearentzat duen interesarekin
- merkatuaren beste aukeren aurrean bazkide-izaerak dituen abantaila eta desabantailekin, etab.

Esan dugunez, gehienetan, kapital-korporazioen akziodun txikiek ez dute kooperatiben bazkideek duten ezagutza eta inplikazioa. Abiapuntu horrekin, noraino heldu behar du bazkideen parte-hartzeak kooperatiben agintean?

Kapital-korporazioko bazkideei buruz hauxe esan da: «Akziodunek ez dute ezagutzarik, ez baliabiderik ez eta eguneroko kudeaketaren gaietan sartzeko eskubiderik ere, eta ez lirateke sartu behar ohiko kudeaketaren gainbegiratzean» (Monks eta Minow, 1995: 142).

Horrexegatik hain zuzen, kooperatibako agintean bazkideek gutxienez (datorren idazpuruan garatuko ditugu irizpideok) enpresa handiko akziodunentzat egokitzat jotzen diren aginte-betebeharrak hartu beharko lituzkete:

45. «Jabetzaren eta kontrolaren arteko banaketaren arazoa —hau da, enpresa-agintearen kudeaketaren ordezkaritza-kostua— askoz larriagoa da diru-ezarleen jabetzazkoak diren enpresetan langileen jabetzazkoak diren enpresetan baino» (Hansmann, 2000: 77).

46. Kapital-korporazioko akziodunengan horrek duen eraginaz, ik. Monks eta Minow, 1995: 144, 145.

- Batzordekideak aukeratzea.
- Erakundearen egiturazko eraldaketak.
- Kudeatzaileen eta akziodunen arteko interes-gatazkak daudenean, zuzendarien lansariak barne (Graham eta Dodd, 1934: 510, 511).
- Beraien jabetza eta boto-eskubideen osotasuna eta balioa gordetzea (Monks eta Minow, 1995: 142).

4.2. BAZKIDEEN ARTEKO JOKO POLITIKOEN ARAZOA

Hainbat ikuspegitatik, behin baino gehiagotan[47] kritikatu egin da kooperatiben korporazio-agintea lehenago aipatutako irizpide baten arabera: kooperatibetan, bazkideen artean dauden interes-gatazka errealak horrenbeste izanik, garrantzi handikoa den interesen «joko politikoa» sortzen da beraien artean, bazkide multzo zehatz bakoitzaren interesak garaile ateratzeko asmoz.

Hori dela-eta, ondorio bi aipatzen dira:

a. Interes-talde bakoitzaren indar politikoaren arabera hartutako erabaki okerrak[48].

Behin baino gehiagotan esan denez, arlo politikoko eraketa demokratikoetan gertatzen denaren antzekoa da. Ez du ematen, hala ere, arazo hauen inguruan ezarritako argudio kritikoak guztiz landuta daudenik.

Ez dago batere argi indar politiko handiagoa duten taldeen aldeko erabakiak hartzea ez dela derrigorrez zuzena izan behar. Alderantziz, beharbada, epe motz eta luzera jardueran parte hartzen dutenen arteko interes ezberdinak bateratzean har daitezke erabakirik onenak.

b. Interes-gatazkok bideratzeko asmoz, bazkideek, jardute-sailek eta zuzendariek negoziazio- eta influentzia-kostu handiak hartzen dituzte[49].

---

47. Beste batzuen artean, aipaturiko Lepage (1978), Arruñada (1998) edo Hansmann (2000).

48. Arruñada-k «erabaki okerragoak» izendatzen du arazo hau, eta honela azaltzen du: «Onenak ez diren erabakiak hartzen dira, enpresaren barruko joko politikoaren akatsen ondorioz. Akatsok gizartean, oro har, prozesu politikoak dituen akatsen antzekoak dira, informazioan dauden asimetria nabarien ondorioak direnak... Arazo hau ez da modu berdinean azaltzen sozietate anonimo zabal batean, azken horietako bazkideek zaintza erabiltzeari uko egiteko aukera dutelako —eta gehienetan hori egiten dute— arriskuak hartuz bakarrik, zaintzarako zeharbidezko beste mota bateko tresnak baitaude (eskualdagarritasuna, burtsako kotizazioa, kontrolerako merkatua). Horrela, kooperatibetan baino kontzentratuago edo bilduago dago zaintzaren betekizuna, norbanakoen enpresetan are bilduago egonik».

49. Hauxe da lan-kooperatibei buruz Arruñada-k egiten duen azterketa: «Influentzia- edo eragin-kostu handiak dituzte. Barne-intereseko multzo bakoitzaren aldeko erabakiak lortzeko asmoz, askoz baliabide handiagoak erabiltzen dira. Horren ondorioz, kostuok murrizteko asmoz antolaketa-irizpide bereziak sortzen dira. Horrela azaltzen da, adibidez, kooperatibentzat interesgarria izatea lansarien esparru estuak gordetzea, nahiz eta horrela galdu langile eta zuzendaririk onenak.

Iritzi hau ez da zalantzatan jartzen. Hala ere, zalantzatan jarri behar da kostuok —arlo politikoko eraketa demokratikoan gertatzen den moduan— ezin direla konpentsatu kooperatibek bazkide multzo bakoitzaren interesei jartzen dieten arreta handiagoarekin.

Bestaldetik, bazkideek jardueran parte hartzearen ondorioz dituzten interesak ez dira desagertzen bazkide-izaera galtzeagatik. Alderantziz, izaera hori galduta, beste modu batez azaltzen dira interes horiek: hornitzaile zein bezeroekiko negoziazio-kostuak, sindikatuekiko negoziazioak, etab.

Edonola ere, bazkideen arteko interes-ezberdintasun horien eragin ezkorren aurrean, hona hemen har daitezkeen egiturazko zenbait neurri:

- Kooperatiben oinarri soziala bazkideen interes objektiboen homogeneizazio handieneko irizpideen arabera egituratzea.
- Kooperatiben oinarri sozialaren geografia-sakabanaketa mugatzea, «oportunismoa mugatzen duten oztopo moralak… beharbada indartuz»[50].
- Kooperatiben oinarri sozialaren kultura eta norbanakoen interesen sakabanaketa mugatzea.
- Kooperatiben Legediaren garapena bultzatzea, irizpide objektiboen zehazpena gehituz, bai bazkideen kapitalaren ordainketa, bai eta kooperatiba-jardueraren salneurria eta kudeaketa ere arautzerakoan.
- Bazkideen kapitalaren araupena eta kooperatiba-jardueraren araupena ahal den neurrian zehaztea, kooperatiben elkarteen bidez, kooperatiben taldeen bidez, etab.
- Kooperatiben barnean, bazkideen interesekin loturiko erabakiak, ahal den neurrian, instituzionalizatzea: estatutuen bidezko araupena, Batzar Nagusien arauak, independenteak diren batzordeak eratzea, etab.

Beste aditu batzuek beste neurri batzuk proposatu dituzte arazo multzo hau bideratu ahal izateko:

- Kooperatiben egitura eraginkorra izan den jarduera-sektoreetan kontzentratzea (zerbitzu profesional kualifikatuak, nekazaritza-kooperatibak).
- Lanean dauden kooperatiben etekinetan parte hartzeko bazkide berriek duten parte-hartzeari aurre egiteko sarrera-kuotak ezartzea.
- «Kapital-korporazioek dituzten egiturazko ezaugarri gehienak» kooperatibetan ere gordetzea: kontrol edo zaintzaren espezializazioa —jardueran parte hartzen ez duten hirugarren batzuen eskuetan— edo kapitala burtsan negoziatzea.
- Eskualdagarriak diren partaidetzak sortzea.

50. «Gertaerok garrantzi handiagoa dute kooperatibak inguruko ekonomian pisu handia izanez gero, Arrasateko Kooperatiben Taldean gertatzen den moduan» (Arruñada, 1998).

4.3. BAZKIDE PASIBO EDO GELDOEN ARAZOA

Kooperatiba handien korporazio-agintearen arazorik larriena, beharbada, kontsumitzaileen edo mailegu-kooperatiba handietan bazkideek duten izaera geldoa da[51]. Arazo horrek ondorio larriak ditu kooperatiba horien egitura eta aginte osoan[52].

Enpresa orok jabea behar du. Eta ez bakarrik itxurazko jabea, baizik eta dagokion eginbeharra egiten duena (enpresa ertain eta handietan kudeaketan parte hartu baino gehiago gainbegiratze edo zaintzarena izango dena[53]). Zaintza-lan hori funtsezkoa da epe luzera. Eta jabetzaren gehiegizko sakabanaketak mehatxatu egiten du beti zaintzarako gaitasun hori[54].

Aurrerago ikusiko dugunez, ondorio larriak ditu arazo honek Batzar Nagusiaren eta Errektore Batzordearen eraketa eta jardueran, bai eta organo bion eta zuzendari nagusiaren arteko harremanetan ere[55].

Neurri batean, kapital-sozietate handietako «akziodun geldoa» delakoarekin gertatutako arazo berbera da[56]. Erakundearen erabakiek oso ondorio txikiak dituzte bazkideengan edo, bestela, bazkide kopurua izugarria da. Beraz, organoetan edo

---

51. E. Ballestero-k kontsumo-kooperatiba guztietara hedatzen du arazo hau: «Kontsumo-kooperatiba garbiek zailtasunak dituzte haien bazkideek kudeaketan modu eragilean parte hartzeko»; bazkide kontsumitzaileek «ez bakarrik kudeaketan, guztien gaiez gutxieneko ardura izateko ere joerarik ez dute».

52. "The Co-operative advantage" (aip., 3. izenburua, 7.1 at.) delakoak hauxe dio ere: «Lankidetzaren jarduera demokratikoetan gaur egun bazkideek duten partaidetza txikiegia da hartzen diren erabakiek bazkideen borondatea benetan ordezkatu ahal izateko».

53. Alderantziz, egile batzuek behin eta berriz aipatzen dute hobe dela bazkide eragilerik ez izatea enpresarekin lerroturiko interesik ez duen bazkide baten eragina modu artifizialean sustatzea baino.

54. Hauxe esan zuten Monks eta Minow-ek (1995: 108): «Kapitalaren sakabanaketa ez da zorioneko berrikuntza, gizarte honek duen arrisku larrienetariko bat baizik. Modu txarrenetariko urruneko jauntxokeria... Zaintza formala hamar mila edo ehun mila akziodunen artean bananduz, akzioen titularren artean erantzukizunik ezaren zentzua hedatzen da. Agintean dauden gizaki gutxi batzuk aginte osoa gordetzeko ondo kokatuta daude, inolako erantzukizunik gabe, akziodunen dibidenduak mantentzearena ez bada».

55. Arazo honen mamia berdina da sozietate mota ezberdinetan. Berle eta Means-ek (1932) hauxe esan zuten: «Jabetza nahiko sakabanatuta badago, bere kabuz berritzen den gune bihur daiteke zuzendaritza».

56. Bazkideen jarrera geldo honen ondorio zuzena zuzendaritzaren zaintzarik eza da: «Jabetzaren sakabanaketak (akziokako sozietateetan gertatzen den atomizazioaren bidez) aukera ematen die zuzendariei etekina maximizatzearen helburutik urruntzeko eta beraien berezko helburuak babesteko; hau da: beraien berezko interesak (lansariak, beste mota bateko ekonomia-ordainketak, estatusa, ziurtasuna, etab.) salmenten bidezko etekinen bitartez batzuetan, erabilgarriak diren berezko baltzuen araberako sarreren handitze-tasaren maximizazioaren bidez eta, azkenik, baita zuzendarien berezko estrategia eta enpresa-politikak ezartzeko orduan duten askatasun maila maximizatuz ere» (Eguidazu, 1999: 102).

jardute-sailetan modu eraginkorrean parte hartzeko interesik ez[57] nabaria sortzen da bazkideengan[58].

Arazo hau larriagotu egiten da bazkide kopurua ehunka milatara helduz gero, mailegu- edo bezero-kooperatiba[59] askotan gertatzen den moduan, edo kapital-korporazio handietan[60].

Kooperatiba horietan, ohikotzat jotzen da oso bazkide kopuru txikiak parte hartzea erabakietan[61].

Batzuetan, kapital-korporazio handietan gertatzen den moduan, zuzendaritzak berak nahita bultzatzen du bazkide kopurua handitzea bazkideen benetako ahalmena sakabanatzeko asmoz[62].

Kapital-sozietateetan oso larritzat jo zen arazo hau enpresa-eraginkortasunaren ikuspegitik. Epe ertainera, benetako zaintzarik ez duen zuzendaritza ez dela eraginkorra izango uste zen. M. Jensen-ek, *The End of the Public Corporation* delako liburuan, «jaberik ez» duten eta zaintzak ezartzen duen diziplinarik gabekoak direnak, «lehiatzeko ezgai izango liratekeela» aurreikusten zuen. Egiaz, Amerikako korporazioen jabetza eta beraien korporazio-agintearen egiturak goitik behera aldatzen ari dira azken hamarkadotan, sozietate-egituron eraginkortasunik ezaren ondorioz, hain zuzen.

Kapital-sozietateekin alderatuta, larritu egiten da arazo hau kooperatibetan, azken horietan ez baitago «zaintza edo kontrolerako bazkiderik». «Bazkide bakoitzak boto bat» oinarri-irizpidearen ondorioz, ezinezkoa da kooperatiba handietan bazkide batek boto kopuru handi bat eskuratzea. Alde batetik, mesedegarria da hau

57. Ik. "The Co-operative advantage", 3. iz., 1.8 at.

58. «Bazkideek egiten dituzten diru-ezarpenak txikiak badira, kooperatiba garatzeko interes eta jarduera mugatuak izan daitezke ondorioak» ("Co-operatives in enterprise Europe", Europar Batasuna, 2002, 2.8 at.).

59. «Akziodun kopurua ehunka milakoa edo milioikoa bada —eta, gainera, akziodunok enpresa gehiagotan ere akzioak izanda— akziodunek ezin dute zaintza-jarduera modu eraginkorrean garatu. Zein puntutaraino merezi du zaintzarako ahaleginak egitea zure diru-ezarpena (eta erantzukizuna) txikia bada eta, gaiak ulertzekotan, ezin baduzu ezer egin horiek bideratzeko?» (Monks eta Minow, 1995: 95).

60. «Bazkide kopuru handiaren ondorioa bazkideen behar eta interesak ahaztea izan daiteke» ("Co-operatives in the enterprise Europe", aip., 2.8).

61. «Lankidetzan, oro har, onartzen da bazkideen gutxiengo txiki batek baino ez duela parte hartuko eginbide demokratikoetan. Gure kezka da agintean dagoen gutxiengo horrek ez dituela zergatik bazkideen interesak ordezkatu behar, ez eta kontsumitzaileen interesak ere, adinean adibidez» ("The Co-operative advantage").

62. Monks eta Minow-ek (1995: 95) hauxe diote kapital-sozietateei buruz: «Akzio kopurua handitzeak garrantzi handiko beste abantaila bat du zuzendaritzarako; informazioa eskuratzeko eta modu eraginkorrean enpresa zaintzeko akziodun bakoitzaren pizgarria eta gaitasuna murriztu egiten ditu».

akziodun txikien eta handien arteko gatazka kooperatiban ez gertatzeko. Baina, bestaldetik, bazkideek agintean duten geldotasun hori zuzendaritzak ordezkatzearen arriskuak handitzen dira[63].

Batzuetan, bazkideen interesik eza muturreko egoeretara heltzen da. Zenbaitetan, etekinen banaketan ere ez du parte hartzen bazkideak eta, horren ondorioz, bere jabetza ahalmen eta legearen aldetik ulertu behar da, ekonomia-arloan baino gehiago[64]. Ehunka mila bazkideetatik hamarka batzuk baino ez dira joaten Batzar Nagusira, haietako askok bazkide direla edo Batzar Nagusiak deitu direla ere ez dakite, etab[65].

Batzuetan, ez stakeholderrek, ez eta kooperatibak berak ere, ez dute inolako gogorik bazkide kopurua handitzeko[66] eta, horrela, jarduera mutualismo-izaera galduz doa apurka-apurka.

Ia-ia beti, bazkide geldoaren interesik ezaren atzetik sakoneko arazoa dugu, eta kooperatibak arazo hori konpontzen ahalegindu beharko lirateke.

Adibidez, kontsumitzaileen kooperatiben kasuan, nahiko nabaria da bidegurutze historiko baten aurrean daudela. Beraien bazkideek kooperatibaren jardueran duten interesik ezak azterketa sakonago bat mereziko luke. Horrelako kooperatiben ezaugarri orokorra da hau, eta, zalantzarik gabe, lehen esan dugunez, oinarrizko ondasunen banaketaren merkatuan azken hamarkadotan gertaturiko aldaketen ondorioa da.

Kooperatibak momentu eta jarduera-esparru zehatz batean sortzea orduko gizartearen beharren bati erantzuteko gogoaren ondorioa izan da beti. Kontsumitzaileen kooperatiben kasuan, gizartearen behar horrek bi jatorri ezberdin zituen:

---

63. Arazo hau, zehatz-mehatz, lankidetzatik kanpoko beste mota bateko erakundeetan: mutualitate handietan, aurrezki-kutxetan eta «ia-kooperatibak» diren beste motakoetan.

64. Egiaz, irizpide hau beste urrats bat izango litzateke bazkide geldoek osaturiko sozietateak irabazi-asmorik gabeko erakundeak bihurtzeko bidean, kapital-korporazio edo kooperatiba handi askotan jarraitutako eta H. Hansmann-ek azaldutako prozesuaren arabera.

65. Arazo hau dagokion lekuan kokatzeko, oso interesgarria da "The Co-ooperative advantage" (3. iz, 3.3 at.) txostenean esandakoa: «Ekonomikoki eragileak diren kide batzuek beharbada ez dute izango interes handirik lankidetzaren demokrazia zuzenean indar askoz erabiltzeko baina, agian, gizarte-ikuspegitik erantzule den enpresa batekin elkarturik izateaz nolabait harro sentituko dira. Hori dela-eta, lankidetzak ondo balioetsi behar ditu bazkideak eta etengabeko informazioa jaso beharko lukete bazkideok bai kooperatibaren ekonomia-bilakaeraz, bai eta haren gizarte-helburuen garapenaz ere, herriko denden bidez eta postaz zuzenki bidalitako mezuen bidez».

66. «Kooperatiba guztien batzordeak ziurtatu beharko luke kooperatiba bakoitzean gero eta bezero gehiago bihurtzen dela bazkide, bai eta kooperatibaren jarduera, gero eta gehiago, bazkideekin garatzen dela ere» ("The Co-operative advantage", 22. gomendioa).

a. bazkideen errenta maila urria

b. oinarrizko ondasunen banaketaren esparruan —elikadura eta ehungintza— zegoen lehiarik eza

Banaketa-jarduera kooperatiba gisa bideratuz ahalbidetzen zen banaketa-oligopoliook apurtzea eta kontsumo-ondasunak salneurri txikiagoetan jartzea bazkideen eskuetan. Gabezia-giroan bizi ziren familietan, lortutako salneurri-aldeak beraien bizi-mailari kooperatibak lortutako garrantzi handiko ekarpentzat jotzen zuten bazkideek.

Gaur egun, kontsumo-kooperatibak sustatu zituen egoera makroekonomikoa goitik behera aldatu da. Horren ondorioz, eta horrelako kooperatibak eratzeko familia-ekonomiak duen interesik ezagatik, ondoko bi gertaerok aurkitzen ditugu:

- Betiko esparruetan (elikadura, ehungintza, etxerako ekoizpenak) ia-ia ez dira kooperatiba berriak sortzen. Hala ere, badira sortzen esparru berri batzuetan: kultur ondasunak, zerbitzuak oro har, etab.
- Betiko bazkide kontsumitzailea *bazkide geldo* bihurtu da.

Egoera horri aurre egitean datza kontsumitzaileen kooperatiben bidegurutzea. Alde batetik, bazkideon parte-hartzea suztatzeko behin-behineko neurriak har daitezke, eta hori da hain zuzen kontsumitzaileen kooperatiba asko egiten ari dena. Baina, bestaldetik, ez da ahaztu behar jardueran eta agintean benetako interesa ez duen bazkidea modu artifizialean aginte-organoetan parte hartzera bultzatzea ez dela batere ona aginteraren beraren eraginkortasunaren aldetik.

Kooperatibok kontuan hartu beharko lukete egoera honi aurre egiteko kooperatiba mota honen mamia berraztertzeko aukera, bai sozietate-egituraren aldetik, bai eta jardueraren aldetik ere.

Betiko ondasunen banaketa ez bada bazkideentzat erakargarria, zergatik ez aztertu jarduera-esparru berrietan sartzeko aukera? Epe luzeko kontsumoa, kultur ekoizpenak, zerbitzuak, etab. bazkideek jardueran parte hartzeko gutxieneko interesa hartzeko egokiak izan daitezke[67].

Beste ikuspegitik, betiko jarduerak gordez gero, sozietate-egitura berregiteko balizko aukerak aztertu beharko lituzkete kooperatibok. Gure inguruan landutako aukera lan-bazkidearen figura sortzea izan da[68]. Horren bidez, enpresako langileek botoen ehuneko garrantzitsua lortzen dute, agintea bazkide kontsumitzaileekin

67. «Zorigaiztoko ondorioak izan ditzake janarien xehekari-jardueran modu temati eta itsu-itsuan jarraitzeak» ("The Co-operative advantage").

68. E. Ballestero ere irtenbide honen aldekoa zen: «Kooperatiba kontsumo eta elkarturiko laneko bitariko eran antolatuz gero, lan-bazkideen etengabeko jarraipenak... eta enpresaren arrakastagatik duten interesak —honekin estu-estu loturik baitaude— zaintza eraginkorragoa izatea dute ondorioa».

konpartituz[69] (kooperatibaren bitariko egitura honek beste arazo batzuk sortzen ditu, jakina, baina, hori bai, enpresa mota guztiek epe luzera duten oinarrizko erronkari aurre egiteko gai da: jardueran benetako interesa duten bazkideak izatea)[70].

Azkenik, beste aukera batzuk —hauetako bakoitza nahikoa ez, baina goian aipatutako neurrien osagarriak izan daitezkeenak— ondokoak izan daitezke[71]:

- Kooperatiba eratzen duen stakeholderren taldeko albait norbanako gehienek bazkide-izaera eskuratzeko neurriak hartzea[72].
- Bazkide-izaera hartzeko orduan, oso ondo aztertu zer egin —eta nola zehaztu— hasierako gutxieneko kapital-ekarpenarekin edo jarduerako gutxieneko parte-hartzearekin[73].
- Kooperatibako bazkideei buruzko datu-baseak hobetu eta gaurkotu[74].

---

69. Hauxe da ere, nahiz eta era mugatuan izan, "The Co-operative advantage" (3. iz, 6.3 at.eta 28. gomendioa) txostenean bultzaturiko aukera: «Hauxe da gure gomendioa: lan-bazkideak —lankidetzako stakeholderrak izanda— kooperatibako bazkide bihurtzeko ahaleginak egin beharko lirateke, bai eta lan-bazkideei gordetako erabaki-gune berezia gorde ere, horren bidez langilea(k) d(ir)en batzordekidea(k) izendatzeko aukera izanik. Aldaketa hau tresna interesgarria izango litzateke langileek kooperatiben ekonomia-eraginkortasuna sustatzeko duten kokapena eta jokabidea indartzeko. Horren ondorioz, lanean dauden kooperatiben enpresa-estrategia orokorraren garapenean inplikatuko dira zuzenki langileak, bai eta lankidetzaren gizarte-helburuak eskuratzeko ekimenetan ere».

Hala ere, txosten honek berak hauxe dio geroxeago (3. iz., 10.8 at.): «Hala eta guztiz, kontsumitzaileen kooperatiben egitura eta agintean egiten den edozein aldaketa eginda, derrigorrezkoa da, bai legeagatik, bai eta arrazoi demokratikoengatik ere, enpresaren zaintza bazkide kontsumatzaileen esku jarraitzea. Derrigorrezkoa da, orobat, lankidetzaren betiko irizpide demokratikoak gordetzea, adib. bazkide bakoitzak boto bat. Bestaldetik, neurriak hartu beharko lituzkete kooperatibek beren sozietate-egituraren oinarriak ez direla usteltzen ziurtatzeko, hau da, partaidetza demokratikoa zabaltzeko joera honek ez duela bultzatzen izaera mutualista galtzea».

70. Zailagoa da horrelako arazo multzoari mutualitateek eman ahal dioten konponbidea. Printzipioz, esan dugunez, arazo multzook antzekoak dira mutualitateetan eta kontsumo- eta mailegu-kooperatiba handietan. Zenbaitetan (ik. Kataluniako Mutualitateen Lege berria) barneko sozietate-prozesuetan erakunde publikoen interbentziorako neurri gogorrak ere hartu dira, bazkideen geldotasunak bazkide kopuru handietako mutualitateen korporazio-agintean sortzen diren arazoei aurre egiteko. Beraien izaeragatik, oso zaila da mutualitatean erakundearen jarduera-esparrua birbideratzea eta, bestaldetik, lan-bazkideak edo kooperatiben berezko beste tresnak ere ez dira erabilgarriak. Hauxe da beste arrazoi bat Gizarte Ekonomia delakoaren esparruak arautzen dituzten lege-esparruak koordinatzen hasteko (mutualitateak, kooperatibak, aurrezki-kutxak, enpresa-helburuak dituzten elkarteak, etab.).

71. «Kooperatiben prozesu demokratikoa eta jardueretan bazkideen benetako parte-hartzea kooperatiben elkarte-helburuetako bat izan behar da. Horren barruan, politiken garapenari buruzko kontsultak egitea; jardueraren eraginkortasunari buruzko informazio egokia eskuratzea; eta posta bidezko informazioa banatzea hauteskundeetan parte-hartze handiagoa lortzeko. Batzar Nagusien gaiak eta antolaketa aldatu beharko lirateke bazkideentzat ulergarriagoak izateko» ("The Co-operative advantage", 3. iz., 7.2 at.).

72. Ik. "The Co-operative advantage", 22. gomendioa.

73. Ik. "The Co-operative advantage", 25. gomendioa.

74. «Kooperatiba guztiek gaurkotu eta findu beharko lukete beraien bazkideei buruzko informazioa urgenteki, jarduerarik ez duten bazkideen izenak kendu eta bazkidetzaren benetako informazioa ematen duen datu-basea izateko" ("The Co-operative advantage", 23. gomendioa).

- Bazkideei zuzendutako informazio-sistemak hobetu.
- Bazkideek jardute-sailetan —eta, batez ere, Batzar Nagusietan— duten parte-hartzea erraztu eta bultzatu. Hurrengo idazpuruan aztertuko dugu horretarako zenbait tresna.

Nolabait ere, ez da batere erraza horrelako arazo bat —jabetzaren banaketak eta bazkideek jardueran duten interesik ezak argi eta garbi sortua dena— korporazio-agintean har daitezkeen neurri zehatzen bitartez konpontzea. Ziur asko, jabetza-eraketa bera jarri behar da zalantzetan. Amerikako kapital-korporazioen bazkide geldoen sakoneko arazoa ez zen konpondu korporazio-agintean hartutako neurrien bidez, baizik eta korporazio handien jabetza-egituran gertaturiko goitik beherako aldaketen bidez, akzioen salerosketa handien eta diru-ezarle instituzionalen sorreraren bitartez eta, azkenik, enpresako langileen esku utzitako boto multzoen bidez ere. Horrekin loturik, B. Manning-ek (1958: 1.477) korporazio handien boto geldoari buruz egindako azterketak, neurri batean, erabilgarriak dira kooperatiba handietan ere, ondokoa proposatuz:

- «Zuzendaritzaren aginte mailaren beharra orain arte baino argiago onartu, iraun behar duen egoera baita».
- «Bazkideen botoa zuzendaritzaren aginte mailaren benetako muga izatearen helburu inozo hori ahaztu».

4.4. KOOPERATIBEN EGITURA ETA AGINTEA. IRIZPIDE OROKORRAK

Oro har, enpresak —konplexuak diren antolaketa-egitura gisa— gizakiek merkatuan duten banako jardueraren ordez taldeko jokabideak erabiltzeko duten interesaren ondorioa dira[75].

Elkartzeko joera hori, bai kooperatibetan, bai eta kapital-sozietateetan ere gertatzen da. Hala ere, elkartze horren kontratu bidezko sustraiak —eta, beraz, sustrai instituzionalak ere— guztiz ezberdinak dira enpresa mota biotan. Kapital-sozietateetan, sustatzaileak —diru-ezarle gisa— menpeko lan-kontratu, erosketa edo salmenten bidez gizaki berriak deitu eta enpresa-jardueran ezartzen ditu, enpresaren titulartasuna gordez. Kooperatibetan, alderantziz, kontratu bidezko jatorria *taldekoa* da. Langile edo norbanako batzuk elkartzen dira merkatuaren aurrean batera etekin hobeak lortuko dituztelakoan eta ez bakoitza bere aldetik, eta enpresaren titulartasunaz batera jabetzeko kontratua sinatzen dute.

Horrela, azterketa honetan landu behar ditugun konplexutasuna kudeatzeko bi arloak ditugu:

---

75. Ik. Izenburu honetan enpresa-harremanei eta merkatu-harremanei buruz esaten dena.

a. *Enpresa-jardueraren kudeaketaren konplexutasunaren esparrua,* enpresaren antolaketa-egituraren bidez aztertzen duguna, bere jatorria enpresa-jarduera ez gizaki bakar baten bidez baizik eta talde baten bidez garatzean duena.

b. *Enpresaren zaintza eta titulartasunaren konplexutasunaren esparrua,* enpresaren korporazio-agintearen bidez aztertzen duguna. Honen jatorria sozietatearen titulartasuna ez bakarrik pertsona batek baizik eta gizaki talde batek izatea da, kooperatibetan derrigorrez gertatzen den moduan.

Gizaki batzuek taldean jokatzearen ondoriozko konplexutasunaren kudeaketa —bai jarduera garatzeko bai eta jabetza kudeatzeko orduan— edozein motatako enpresan da beharrezkoa. Konplexutasuna kudeatzeko beharra enpresaren egitura eta agintearen jatorria denez, ikusten dugunez, baterako jatorri nabariak daude antolaketa-egitura eta agintearen irizpide orokorrak zehazteko orduan, bai kooperatibetan, bai eta kapital-korporazioetan ere.

Jakina, enpresaren agintean dira deigarrienak kooperatiben ezaugarri bereziak eta horrexegatik agintearen kudeaketa izango da ere aztertuena lan honetan. Hala ere, ikusiko dugunez, agintearen esparruan ere kooperatiba eta kapital-sozietateei komunak zaizkien esparru asko daude.

Bazkideen nahia bera kudeatzeak baterako borondate hori azaltzeko egokia den organoa behar du —Batzar Nagusia— eta, bereziki bazkide kopurua handia bada, iraunkorra den ordezkaritza txikiago bat: administrazio-organoa edo jardute-saila.

Beraz, kooperatiben korporazio-agintearen eraketa ere, ondoko oinarri-irizpideetan sustraitzen da:

- Bazkideen borondatea ordezkatzea.
- Organo-egitura (jardute-sailen bidezko ordezkaritza).
- Batzar Nagusiaren eta batzordearen arteko banaketa.

Batzar Nagusia eta batzordea (Administrazio Batzordea edo Errektore Batzordea) bai egitekoen aldetik bai lan egiteko moduagatik ere nabarmen ezberdintzen dira eta, horrela, Batzar Nagusia bazkideen baterako nahiak ordezkatzeko organoa dugu, eta batzordea administraziorako eta etengabeko jarduteko organoa.

Ikusiko dugunez, Batzar Nagusitik eta batzordetik aparte, beste organo batzuk ere badira, helburu osagarriak betetzen dituztenak (Zaintza Batzordea, Kontseilu Soziala, etab.). Hala ere, organo horien benetako adierazgarritasuna oso aldakorra da kooperatiba batetik bestera eta, askotan, organo formalak baino ez dira.

Kooperatiben agintearen eraketa honetatik abiaturik, kooperatibaren antolaketaren berezko oinarrizko egitura kooperatiba-jardueraren arloan oinarritzen da eta, batez ere, zuzendaritzaren kontzeptuan eta kooperatiba-jardueraren antolaketan eta, kasuan kasu, enpresa-jarduera garatzeko dauden unitate ekoizle eta funtzionalen egituran ere.

4.5. KAPITALA ESKURATZEAK AGINTEAN DUEN ERAGINA

Dakigunez, kapital-sozietatea ez izatea da, hain zuzen, kooperatiba-elkarteen ezaugarri nagusia, boto-eskubidea ez baita egokitzen bazkideek ekarritako kapitalaren arabera.

Hala eta guztiz, kooperatiba-elkarteetan ere beharrezkoa da kapitala eskuratu, intzentibatu eta metatzea. Horren ondorioz, ez bakarrik finantza-tresnak, sozietatearloko tresna batzuk ere garatu dira kapital-ekarleei boto-eskubide batzuk emateko edo kooperatiben agintearen nolabaiteko eragina.

Kooperatiben betiko kapital-ekarpenek ez dute antolaketazko izaerarik, ez dute ematen boto-eskubiderik eta, nahiz eta bazkideentzat derrigorrezkoa izan kapitala ekartzea, azken hori bazkideen betebehar bat baino ez da, ez baitu berez ematen aginte-eskubiderik. Eskubideok, dakigunez, irizpide berdintzaileen arabera (bazkide bakoitzak boto bat) banatzen dira edo —zenbaitetan— jardueran egindako ekarpenaren arabera.

Hortik aurrera, kapital-ekartzea pizteko asmatu diren tresnak anitz dira. Aukera batzuk oso apalak izan dira. Adibidez, Batzar Nagusira, botorik gabe, bertaratzeko eskubide hutsa arautu da finantza-ekarpen batzuen titularrentzako (ik. Europako Kooperatiba Elkartearen Estatutuaren 58.2 atala). Bestaldetik, Europako zenbait legeditan aurreikusitako finantza-bazkideak eta, muturreko aukera gisa agian, aipatu ditugun bitariko kooperatibak (kapital-ekarleei Batzar Nagusiaren boto-eskubidearen % 49 emateko aukera ematen dutenak, ekarle horien artean bakoitzaren ekarpenaren zenbatekoaren arabera banaturik).

Kapital-ekarleen sozietate-inplikaziorako dauden tresnak, beraz, honela sailka daitezke laburrean:

- Batzar Nagusira bertaratzeko eskubidea.
- Batzar Nagusirako boto-eskubidea (boto bat, plurala edo —salbuespen zenbaitetan— kontrolerako gai ere).
- Errektore Batzordean parte hartzeko eskubidea.

Argi dago horrelako tresnek kooperatiba-elkarteen organo-egituren funtsezko eraldaketa sor dezaketela.

Kanpoko kapital-ekarle batek bazkide-izaera hartzen badu eta Batzar Nagusian boto-eskubide adierazgarria eskuratzen badu, kooperatiba-elkarteen organo- eta aginte-egitura oinarritzen duten oinarri-irizpideak hautsi egiten dira (diruezarleongan, kooperatibetan ohikoa denez, ez direlako batzen bazkide-izaera eta jardueran parte hartzea).

Bitariko kooperatibetako bazkide kapitalistak bertako lan-bazkideen aurrean izango duen jarrera, kapital-sozietateetako bazkide kapitalistek bertako menpeko langileekin duten berbera izango da, ondoko esparruotan:

- Joera moduan, kooperatibaren organoek eta Zuzendaritza Nagusiak —aginpideen eskuordetze, autoeratutako lan-talde, mikrogestio, atal eta aberren bidez— gune ekoizle edo estrategikoen alde ahalmena galtzearen aurka jarriko da bazkide kapitalista hori.
- Bazkide diru-ezarleak oztopoak jarriko dizkio, orobat, bazkide kooperatzaileekiko harremanetan salneurriak hobetzeari edo jardueraren baldintzak bazkideen alde hobetzeari. Hobekuntza guztiok, epe laburrera, etekinen kopurua murrizten dute eta beraz, diru-ezarleen ekarpenaren errentagarritasuna.
- Kultur faktorea. Lehen aipatutako beste joerak bazkide kapitalista eta bazkide kooperatzaileen egiturazko kokapenaren berezko ezaugarrien ondorioak dira. Horiekin batera, kultur faktorea ere hartu behar da kontuan. Kanpoko kapital-ekarleak, gehienetan, ez du lankidetza ezagutzen eta, beraz, ez ditu ezagutzen bazkide langileen eta zuzendaritzaren arteko barneharremanak, Errektore Batzordearen eta zuzendaritzaren arteko harremanen konplexutasuna, Batzar Nagusien ohiko eraketa eta prozesuak, etab. Azkenik, lehen esan dugunez, Kooperatiben Legedia horren ezberdina denez, —bai oinarrizko egituraren aldetik, bai eta terminologia, interpretaziorako irizpide, eta abarren aldetik ere— benetan oso zaila da horren ezberdinak diren «lege-kulturek» talka ez egitea.

4.6. ZAINTZA-MERKATUA KOOPERATIBETAN

Behin eta berriz azaldu da *zaintza-merkatua* kapital-korporazio handien korporazio-agintearen oinarrizko osagai gisa. Gaurkotasun handiko gaia izan zen hau 80ko hamarkadan AEBn.

Momentu honetan, adostasun handia dago adituen artean aginte-arazoak konpontzeko prozedura «traumatikoa» dela esatean. Gainera, «jabetza eta zaintza-egitura aldatzen dituzte, baina ez dituzte berez hobetzen erabakiak hartzeko erak» (Pound, 2000: 101).

Zaintza-merkatuaren jatorria kapital-korporazioen egituran bertan dago: jabetzaren titulartasuna akziodunen esku egotea eta akzioen eskualdagarritasuna[76].

76. «Jabetzaren funtsezko eskubideen artean jabetza bera beste baten esku uzteko eskubidea da. Egiaz, eskualdagarritasunaren aldeko apustua eginda, akzioen jabeak, XX. mendean zehar, jabetzaren

Take-overs eta LBO direlakoek, zaintza-merkatuaren betiko tresnek, ez ohi dute konpontzen —eta batzuetan handitu ere egiten dute— kapital-enpresen agintearen arazo funtsezkoena, adituek «zuzendaritza eta kudeaketaren isolamendu» (Pound, 2000: 103) deitu dutena. Helburua kanpoko merkatura zabaltzea bada, merkatuarekiko etengabeko feedbackerako aukera ematen dutenak izango dira korporazio-agintearen arazoetarako irtenbiderik onenak, kontrolean aldaketa berriak gertatzeko etengabeko mehatxua beharrezkoa izan gabe.

Hori dela-eta, *take-overs* eta LBO baino hobeak direlakoan, 90eko hamarkadako adituek behin eta berriz aipatu dute zaintzarako akziodunak bultzatzeko beharra; izan ere, enpresarekiko elkarlaguntzarako jarrera dute eta, aldi berean, akziodun txikien bozeramailea izan daitezke.

Kooperatibetan ez dago, jakina, zaintza-merkatu hori. Salbuespen gisa, eskualdagarriak diren partaidetzak dituzten diru-ezarleen parte-hartze handiak onartzen dituztenak, bitariko kooperatiben antza.

Hala ere, badaude kooperatibetan nolabait antzekoak izan daitezkeen zaintzarako tresnatzat har daitezkeenak:

- *Bazkideek kooperatiba osoa saltzeko erabakiak.* Nahiz eta prozesu traumatiko eta zailagoa izan akzioen betiko salerosketak baino, txarto kudeaturiko kooperatibetan zaintzarako antzeko eragina izan dezakete.
- *Bazkideen sarrerak eta irteerak*, ekonomia-jardueran eragina izatetik aparte (Ballestero, 1990: 173, 174), kooperatibako zuzendarientzat zehargabeko kontrol-eragina izan dezakete ere. Horrela, bazkideen borondatezko uztea, beraz, kooperatibaren eraginkortasunaren zaintzarako tresna garrantzitsua izan daiteke.

4.7. BOTOAREN SAKABANAKETA KOOPERATIBEN AGINTEAN

Behin eta berriz azpimarratu da jabetzaren kontzentrazioak edo sakabanaketak korporazio-agintean duten eragina.

Zehazki, bazkideek ahalmena galdu eta zuzendariek irabazteko orduan kapital-korporazio handietako jabetzaren sakabanaketak izan zuen eragina aztertu da. Akzioen bidezko jabetza sakabanatu eta gero, akziodunek utzi zioten enpresen

beste eskubideei uko egiteko prest agertu dira. Kapitala guztiz eskualdagarria izateko, erantzukizun mugatua behar zuten akziodunek eta akzioak erosteko kostuak txikiak izan behar ziren. Baldintza biok jabetza eta zaintzaren arteko harremana apurtu dute. Erantzukizun mugatua lortzeko, garrantzitsuenak ez diren korporazioaren erabakiei buruzko zaintzari uko egin behar izan zioten bazkideek. Salerosketen kostuak txiki mantentzeko eta eskualdagarritasuna errazteko, milioika akzio egin eta saltzeko baimena eman behar izan diete akziodunek korporazioei, edozein bazkideri ezinezkoa eginez akzio multzo garrantzitsua gordetzea» (Monks eta Minow, 1995: 99).

politika onartzean parte hartzeari. Horren ondorioz lidergo baten behar berria azaldu zen. Erantzuna goi-mailako zuzendariak izan ziren, «aldendutako» jabeen (Pound, 2000: 82, 83) aro berri batean.

Arazo hori gainditzeko kapital-korporazioetan sorturiko «zaintzarako bazkidea» ere ez dago kooperatibetan. Dakigunez, «zaintzarako bazkide» hori —gehienetan mutualitateak eta pentsio-baltzuak— kapital-korporazio handien korporazio-agintea aldatzen ari da, botoaren gehiegizko sakabanatze hori nolabait konponduz. Zaintzarako bazkideok, nahiz eta batzordean ez egon, Batzar Nagusiaren eta batzorde geldoen ordezko bihurtzen ari dira, enpresa-politikari buruz «kanpoko bigarren iritzia» emanez. Kapital-sozietateetan, batzorderako hautagaien zerrendak prestatzen ere parte hartzen dihardute zaintzarako akziodunok.

Batzar Nagusian iritzi-taldeak sortuz edo botoak elkartuz, kooperatiba handietan ere antzeko helburuak lor daitezke.

Iritzi-taldeen betebeharra alderdi politikoek dutenaren antzekoa izango litzateke: bazkide multzo handien botoa orientatzea, bazkideok, bestela, ezin dituztelako hautagaiak ezagutu eta balioetsi. Bestaldetik, demokratikoki guztiz egokiak diren tresnok erabiltzeko oztoporik handienak ondokoak izan daitezke: barne-harremanak alderdikeriekin gaiztotzeko arriskua alde batetik eta, beharbada, kooperatibaren barneko gaiei buruzko konfidentzialtasuna galtzeko arriskua bestetik.

Kapital-korporazioetan gero eta arreta handiagoa jartzen ari zaio korporazio-agintea hobetzeari, bazkideak elkarrekin harremanetan jarriz, iritziak elkarri trukatuz, etab. Azken finean, boto-eskubidearen erabilera, bai eta iritzi-taldeen sorrera ere, errazteko erak baino ez dira (azken horrek, egia esan, garrantzi gutxiago du bazkideen interesak homogeneoak direnean, ia-ia kapital-korporazio guztietan gertatzen den bezala).

Bazkideek erabakiak hartzeko orduan dituzten arazootatik aparte, badago jabetzaren sakabanaketak sortutako beste arazo bat: erakundearen korporazio-agintean parte hartzeko orduan bazkideek duten interesik eza[77]. Hau da, bazkidearen jarrera *eragilea*ren desintzentibazioa.

Bazkideak agintean parte hartzeko duen interesa handitzeko erabil daitezkeen tresnak, parte-hartze horren kostuak murriztekoak ala parte-hartze horren etekinak handitzekoak izan daitezke eta, adibidez:

77. Esan dugunez, behin eta berriz aztertu da arazo hau kapital-korporazio handietan. «Enpresaren jardueran eragina izateko dituen jabetza-eskubideak erabili nahi dituen bazkide orok horren kostu guztiak hartu behar ditu, eta, horren ondorioz irabaziak egonez gero, berauen ehuneko txiki bat baino ez» (Monks eta Minow, 1995: 110).

- *Kooperatibaren neurria, ahal bada, txikia mantentzea.* Kooperatiba txikietan askoz handiagoa baita bazkideak bere inplikaziotik ateratzen duen etekina.
- *Bazkideen taldeko ekintzak erraztea* (Monks eta Minow, 1995: 145). Taldeko ekimenok ekintza zehatz baterakoak izan daitezke (batzordeari idatzi bat bidaltzea, Batzar Nagusi bat prestatzea) edo jarraipena izan behar dutenak (iritzi-taldeak).

Tresnok bultzatzeak ez du adierazten bazkidearen banako interesak gehiegi babestea; alderantziz, derrigorrezkoa da kooperatibentzat, batez ere kooperatiba handientzat, enpresa-jardueraren zaintzarako beharraren ikuspegia ez galtzea, eta horretarako bazkideen gutxieneko ekintzailetasuna beharrezkoa dugu. Bazkideen ekimen hauen ondorio baikorrak ez dira zalantzatan jartzen kapital-korporazio handietan[78], eta gero eta gehiago eskatzen dira kooperatiba handietan ere.

4.8. BAZKIDEEN INTERESEN SAKABANAKETAREN ERAGINA

Behin eta berriz (Hansmann, Jensen) aipatu da kooperatibetako bazkideen interesek duten homogeneotasun falta erakunde hauek korporazio-agintean duten arazo funtsezkoa dela.

Interes-homogeneotasun horren aztarnak dira:

a. Batez ere, kooperatibarekin bazkideek egiten duten jardueraren antzekotasuna.

b. Zehazki, kooperatibaren edozein erabakik kooperatibak bazkide bakoitzarekiko jardueran izango duen eraginaren antzekotasuna.

c. Hurbiltasun geografikoa.

d. Bazkideen banako ezaugarrien homogeneotasuna: kultura, etnia, ideologia.

Interes-ezberdintasunek sorturiko gatazkak bereziki larriak izan daitezke bazkide mota asko dituzten kooperatibetan (Ballestero, 1990: 142) (gogoratu hauen urritasunaz egin dugun aipamena).

Homogeneotasun ala interes-sakabanaketa faktore honek kooperatiben korporazio-agintean duen garrantzia dela-eta, derrigorrezkoa da faktore hori kontuan hartzea kooperatiben elkarte-egituran eta horien aintearen esparru guztietan.

Zehazki:

a. Ahalik eta era homogeneoenaren arabera eratu beharko lirateke kooperatibak:

---

78. «Jarrera-eragile hori ona da, korporazioaren osasunerako eta akzioen baliorako ere» (Monks eta Minow, 1995: 145).

- Ahal bada, bazkide mota bakar bat.
- Bazkideen interesak ahalik eta berdintsuenak izanik (lan-kooperatibetan jardueren arabera, lanbide eta lansarien arabera; ekoizpen edo zerbitzuen arabera beste mota bateko kooperatibetan).
- Geografikoki hurbil bizi diren eta lan egiten duten bazkideak.
- Kultura aldetik ere hurbil dauden bazkideak.

b. Bazkideen kapitalaren ordainketa eta kooperatiba-jarduerarekiko jokaerak, ahal den neurrian, arau bidez homogeneizatu beharko lirateke. Horrela, bazkideen arteko gatazken arriskuak murriztuko lirateke nabarmen.

Ahal den neurrian, legearen bidez egin beharko litzateke hau; bestela, kooperatiben taldeen edo kooperatiben elkarteen bidez; azkenik, estatutuen edo Batzar Nagusien arauen bidez.

c. Funtsezkoa da interes ezberdinak dituzten bazkideen interesak sozietate-egituren bidez ere ezberdintzea: talde bereko kooperatiba ezberdinetan, kooperatiba bereko atal ezberdinetan, etab.

d. Ahal den neurrian, bazkideen interesak eta kooperatiben interesak bat egiteko edo lerrotzeko neurriak hartu behar dira ere: itzulkinak, lansari aldakorrak, jardueraren ordainketaren parte bat kooperatibaren helburu orokorrekin lotzea, etab., interesgarriak izan daitezke horretarako, bai eta informazioa eta erabakietan parte hartzea sustatzea ere.

Bide horretatik egindako ahalegin guztiak erabakigarriak izan daitezke lankidetzaren etorkizunerako. Erabakiak hartzearen antolaketa-kostuak, ziur asko, lankidetza garatzeko oztoporik funtsezkoena dira (Hansmann, 2000: 116). Antolaketa era berriak garatzeko orduan ahalegin gehiago egitea eta trebetasun handiagoa lortzea kostuok murrizteko gakoa izan daitezke.

4.9. BAZKIDE EGOKIENAREN EZAUGARRIAK

Kapital-korporazioetan, azken hamarkadotako eztabaidaren ondorioz, iritzi ezberdinak ditugu kapital-korporazioen garapen eraginkorrerako akziodunek hartu beharko lituzketen betebeharrei buruz.

Dakigunez, kooperatibetan ez da egon korporazio-agintearen tresnei buruzko eztabaida sakonik. Hala ere, eztabaida hau interes handikoa da kooperatiba handietako bazkideen kokapen egokienari buruz zenbait erreferentzia izateko (ez dugu ahaztu behar, hori bai, kooperatiben berezko ezaugarrien ondorioz, interesgarria izan daitekeela, orobat, parte-hartzaile moduan jardueran eta agintean bazkideek duten jokabide eta ekimen bikoitz horiek guztiz bananduta ez egotea):

Bazkide egokienaren ardurak

I. *Jarduerarekin lotutako ardurak* (agintearekin loturik ez daudenak)

- Jarduera modu eraginkorrean garatzea.
- Jardueraren salneurriak direla-eta, jarrera arduratsua izatea.

II. *Zaintzarekin loturiko oinarrizko ardurak*

- Zuzendaritzaren zintzotasuna eta gutxieneko gaitasuna ziurtatzea.

III. *Zaintzarekin loturiko bigarren mailako ardurak*

- Kooperatibak behar duenean, bizkor jokatzea.
- Beharrezkoa denean, publikoki jokatzea.
- Eraginkorki jokatzea.

IV. *Ardurok egikaritzeko era*

- Epe luzeko inplikazioa izatea (kooperatibaren oinarrizko ikuspegiak ulertzeko behar den inbertsioa egitea, garapenerako gaitasuna eta epe luzeko errentagarritasuna lortzeko asmoz kooperatibarekin batera lan egiteko gaitasuna eta gogoa izatea).

V. *Helburuok betetzeko, hauek dira «bazkide egokienaren ezaugarriak»* (agintea aztertzen ari garenez, jarduerarekin loturiko ezaugarriak baztertuta):

- Bazkide gutxietako bat izatea.
- Epe luzeko —edo ia-ia behin betiko— bazkide izatea (kooperatibaren jabetza epe luzera gordetzeko konpromisoa duena).
- Enpresaren helburuekin lerrotutako helburuak dituen bazkidea.
- Informazioa, gaitasuna eta beste stakeholderrekin ere interes lerrotuak dituen bazkidea (Monks eta Minow, 1995: 152).
- Eraginkortasuna galduz doan kooperatiba bateko egoerari[79] aurre egiteko gaitasuna eta borondatea duen bazkidea (enpresa hori norabidez aldatzen bultzatzeko eta —beharrezkoa bada— izen oneko batzorde bat botatzen saiatzeko (Regan, 1992: 4, 5) ere prest dagoena).

Kooperatiban epe luzera inplikatzen diren bazkideak enpresa zaintzeko gai dira eta, beraz, garrantzi handikoa da kooperatibaren partaidetzat hartzea, bai eta informaziorako erraztasuna, zuzendaritzan eragina eta batzordean ordezkaritza

79. Oso modu adierazgarrian esanda: «Eraginkorra ez den enpresa bateko batzordekide baten egoera deseroso egiteko gaitasuna» (Monks eta Minow, 1995: 153).

izatea ere[80]. Hausnarketa hau[81], kapital-korporazioen diru-ezarle instituzionalen kasurako garatua, kooperatiben zenbait bazkideren kasuan ere erabilgarria da, kooperatiban epe luzera inplikatu ohi direlako: lan-bazkideak edo nekazaritza-arloko bazkideak, adibidez.

Bestaldetik, bazkide «egokienak» ez du zertan jakin, adibidez, bideragarritasun- edo estrategia-plan bat egiten, eraginkorra ez den kooperatiba baten norabidea aldatzeko. Eraginkorra ez den kooperatiba identifikatzen jakin behar du, hori bai, eta, zuzendaritzak edo batzordeak aurkezturiko aukeren artean, egokiena zein den erabakitzen ere[82].

Kooperatiben sozietate-egitura zehazteko orduan, interes handiko tresna da bazkide «egokiena»ren ezaugarriei buruzko hausnarketa hau. Gogoratu behar dugu, beraz, horrelako edo antzeko hausnarketen ondorioz, batez ere AEBn garatuak, kapital-korporazioen «bazkide egokien» gisa kokatzeko bi motatako bazkideak azaldu direla:

a. Bazkide instituzionalak (pentsio-fondoak batez ere)[83].

b. Langileak (azaldu ditugun aldagaiekin eta iritzi-ezberdintasunekin ere).

80. «Jabetzaren epe luzeko inplikazioaren truke, hala ere, jabeek agintean duten kokapena berregituratu behar da. Epe luzeko jabeek barnekoen izaera dute, informazioa eskuratzeko erraztasuna, zuzendaritzan eragina eta batzordean lekuak» (Porter, 1992: 91).

81. Bazkidearen kokapen eta ezaugarri egokienei buruzko azterketa hauen ondorioz, Monks eta Minow-ek (1995: 154-157) AEBko korporazioetan bazkide instituzionalek duten gero eta partaidetza handiagoa osatzeko asmoz, bi motatako neurri zehatzok proposatu dituzte:

– Epe luzeko bazkideei Batzar Nagusiaren aurrean proposamen eta zaintzarako esparru batzuk gordetzea estatutuen bidez, zaintza eta gainbegiratzerako duten gaitasuna bideratzeko.

– Kontrolerako bazkideen kokapen hori kudeatzeko bereziki bideraturiko erakundeak sortzea. Diru-ezarle instituzional mota berri horren helburua, hain zuzen, korporazioetan parte hartzea izango litzateke bazkide egokienarentzat aurretik zehazturiko irizpideen arabera:

· Kudeaketan inplikatu gabe.

· Korporazio-agintearen eraginkortasunaren maximizazioa zainduz.

82. Honi buruz, hauxe da Monks eta Minow-ek (1995: 154) diotena: «Bazkideen erabakitzeko gaitasuna gai multzo labur batera eta prozedura-aukera gutxi batzuetara mugatzea oso babes garrantzitsua da bazkideen gehiegikerien aurka».

83. «Pentsio-baltzuek, publiko eta pribatuek, horrelako jokabidea hartzeko behar diren kualitate asko dituzte. Beraien jabetza... ahal den bezain iraunkorra da... beraien interesa epe luzekoa da, korporazioaren epe luzeko interesak barneratzeko nahikoa eta (interes horien osagarri funtsezko gisa) langile, bezero, hornitzaile eta gizartearen interesak barneratzeko ere» (Monks eta Minow, 1995: 154).

5. Batzar Nagusia

5.1. BATZAR NAGUSIA, BAZKIDEEN BILERA

Sozietate-egitura guztien antza, kooperatibaren agintearen eraketarako lehenengo gaia bertako bazkideek hartu behar dituzten erabakiak antolatzea da.

Kooperatibetan, bazkideen nahia bideratzeko zuzenbideak eratu duen funtsezko tresna, zalantzarik gabe, Batzar Nagusia da[84].

Kapital-sozietateen korporazio-agintearen azterketak, gehienetan, ez dio arreta handirik ematen Batzar Nagusiari, eta Administrazio Batzordean eta honek zuzendaritzarekin dituen harremanetan aritzen da gehienbat.

Hala ere, funtsezko arrazoiak daude pentsatzeko kooperatiben Batzar Nagusien kudeaketa beste mota bateko erakundeen batzarrena baino askoz garrantzitsuagoa dela. Eta horren funtsezko arrazoia, ziur asko, kooperatibetako bazkideen interesen artean egon ohi diren ezberdintasunak dira, bazkide kapitalisten artean daudenak baino askoz handiagoak.

Egiaz, esan dugunez, gehienetan oso argi dituzte bazkide kapitalistek beren baterako helburuak epe motz eta luzeko gaindikinak maximizatzeko. Hori ez da gertatzen kooperatibetan; bertan, bazkideek enpresa-jardueran duten parte-hartzeak eta parte-hartze horren ondoriozko salerosketak ere, bazkide bakoitzarentzat ezberdinak diren interes berezien multzo nahasia sortzen dute.

Interes multzo horiek modu bateratu eta koherentean kudeatzeko tresna funtsezkoa da Batzar Nagusia. Horra hor horren garrantzia, eta kooperatiben korpo-

84. Sozietatearen nahia adierazteko orduan, Batzar Nagusietatik kanpo eratu ahal diren erabaki garrantzitsu batzuk Batzar Nagusietatik kanpo bidera daitezke. Legedian zehatz-mehatz arauturiko gaietatik at, estatutuen bidez ere egin daiteke hori batzuetan. Hori gertatu da, adibidez, kooperatiba askotan, Kontseilu Soziala aukeratzeko orduan, Batzar Nagusietatik kanpo bazkideen artean egindako isilpeko hauteskundeen bidez aukeratuak izan direnak, edo «erreferendum» delako prozedurarekin; azken horren bidez, Batzar Nagusia deitu gabe, zuzenki galdetu egin zaie bazkideei gai zehatz bati buruz. Nolanahi ere, sozietatearen nahia adierazteko tresnok ez dute berez legearen indarra, eta haien eraginkortasuna estatutuek, barne-araudiek edo barruko beste arauetan zehazturiko mugen barruan dago kokatua.

razio-agintea aztertzeko orduan Batzar Nagusiari arreta berezi eta funtsezkoa emateko beharra[85].

Batzar Nagusia zer den labur adierazteko, «bazkideen bilera» kontzeptua erabil dezakegu, lege-irizpideen arabera eratuta, kooperatibarentzat garrantzi handieneko erabakiei buruz bazkideen baterako nahia azaltzeko asmoz.

Kooperatibetan ere, bazkideak pluralak izanik, beraien nahia antolaketa aldetik nola azaltzen den argitu behar da eta hori berori da bai kooperatiba-elkarteen Batzar Nagusiaren eraketaren jatorria, bai eta kapital-korporazioen antzeko organoena ere.

Hala ere, kontuan hartzekoa da, kapital-korporazio askotan, sozietatea bera norbanako bakarrekoa izanik, egitura formal hutsak baino ez direla Batzar Nagusiok. Kooperatibetan, hain zuzen, da benetan beharrezkoa bazkide askoren nahia horrelako jardute-saila edo organoaren bitartez antolatzea.

Horrela sortzen da, bada, organoaren kontzeptua, erakundearen elkarte-nahia adierazten duen gune gisa. Batzar Nagusia, berez, bazkideen baterako nahiaren bozeramaile egokia da. Hala ere, jakina, bazkideen nahia adierazteko beste tresnak egon badaude, bai bazkideen banako nahiak, bai eta bazkide multzo zehatzen nahiak ere, gainerako bazkideekiko gatazken aurrean, edo balizko interes-aurkaketa batean. Hori gertatzen da, adibidez, zigor bidezkoen arauetan, elkartearen eraldaketetan, Ordezkarien Batzarretan, Kontseilu Sozialerako hauteskundeetan, etab. Hala ere, esan dugunez, bazkideen baterako nahia antolatzeko oinarrizko gunea Batzar Nagusia da.

Batzar Nagusiak ez dira bakarrik aurkitzen kooperatiba eta kapital-sozietateetan —oro har, «korporazio-izaera» duten erakundeetan— baizik eta pertsona-izaera duten sozietateetan ere (sozietate zibil, kolektibo eta komanditarioetan), nahiz eta sakoneko aldaketekin eta malgutasun handiagoz. Hori bai, behin ahobatezkotasunaren tresna errazak —bazkide kopuru oso txikiak bakarrik direla erabilgarriak— gainditiuz gero.

Derrigorrezkoa al da bazkideak leku berean batzea erabakiak hartzeko asmoz haien nahia adierazteko orduan? Beste mota bateko erakundeetan, pertsona-izaera dutenetan batez ere, nahi hori adierazteko beste mota bateko prozedurak ahalbidetzen dira, zenbait erabaki hartzeko orduan erabilgarriak direnak, erabaki horiek argi eta garbi zehaztuta badaude eta bazkideen nahiak zalantza izpirik ez badu. Hau bideragarria izanik, zergatik derrigortu kooperatiben bazkideak leku beren biltzera?

85. «Kooperatiba bateko bazkideek lehentasun eta interes ezberdinak izan ohi dituzte gai askoren inguruan... Horrexegatik, beharrezkoak dira erabakiak hartzeko orduan nahiak bateratzeko tresnak. Egituraren aldetik, horretarako bilatutako irtenbidea sozietateek erabili ohi dutena da, bazkideen edo Ordezkarien Batzarrak erabiliz» (Arruñada).

Printzipioz, legearen irizpide honek azalpen bakarra du. Elkarte-erabakiak hartu aurretik, dagozkien arrazoi eta iritziak azaldu behar dira, bai eta eztabaida baten bidez iritziak elkarri trukatu ere. Derrigorrezkoa da bazkideak leku berean biltzea erabakiak —batez ere gatazkatsuak izan daitezkeenak— baliagarriak direla ziurtatu nahi badugu, beharrezkoa den aurreko iritzi-trukaketaren bidez.

Egiaz, zalantzatan jar dezakegu, azken hamarkadotako teknologia-garapena eta urruneko komunikabideen gaur eguneko gaitasuna ikusita, azterketa eta eztabaida sakonak eginez urruneko erabakirik ezin dela hartu.

Legean edo estatutuetan zehazturiko baldintzen arabera, erabakien proposamenak, hauek ulertzeko eta aztertzeko behar diren idatziak, etab., postaz, e-mail bidez, etab. bidal daitezke, behar den aurretiko denboraz, oraintxe bertan deialdirako eskatzen dena edo. Hortik aurrera, beste epe bat zabal daiteke, galderak, proposamenak, etab., bidaltzeko eta elkarri trukatzeko. Azkenik, behin epe hori amaiturik, urruneko botaketa egiteko, e-mail bidez edo antzeko prozeduren bidez[86].

Egia da, gaur egun ere, bazkide askok ez dituztela guztiz menperatzen teknologia berriok elkarte-nahia bideratzeko orduan modu egokian erabiltzen direla ziurtatzeko. Beraz, eztabaida eta urruneko hautaketarako tresnok behar den zuhurtasunez erabili beharko dira.

Bazkideak leku berean biltzeko beste arrazoi bat bozketen isilpekotasuna da. Hori bada izan, pisuzko arrazoia. Hala ere, teknologia berrien arabera antzeko isilpekotasun maila lortzea bideragarria den aztertu beharrekoa da. Teknologikoki horrela izanik, hauxe pentsatu behar dugu: Internet eta, oro har, tresna telematiko berrien erabilera hedatzen den neurrian, urrun bizi edo lan egiten duten bazkideek osaturiko kooperatibak horrelako tresnak erabiltzen hasiko dira eta, azkenik, ziur asko, legedian ere urruneko Batzar Nagusien aukera hartuko da kontuan. Itxuraz, ez dugu asko itxaron behar horrelako tresnak erabiltzen ikusteko eta, beraz, adi ibili beharko dugu kooperatibetan horrekin loturik azalduko diren beharren aurrean.

Bitartean, tresna telematikoak, nahiz eta isilpekotasun maila txikiago izan, bai izango liratekeela tresna interesgarriak, kooperatiba askotan, prozesuak errazteko eta benetako partaidetzarako.

Teknologia berrietako tresna teknologiko interaktiboek ez dute bakarrik ahalbidetzen informazioa norabide bakarrean bideratzea. Galderak eta erantzunak modu interaktiboan elkarri trukatzea eta jasotzea ere ahalbidetzen dute eta, adibidez, gainerako bazkideek ere jasotzea galdera, proposamen edo erantzun horiek

86. Ik. "The Co-operative advantage" delako txostenak egin zuen 25.1 gomendioa: «Kooperatiba orok parte-hartzea handitu eta demokrazia indartzeko praktika onenak erabili beharko lituzke, erabakiak hartzeko prozedura ezberdinak saiatuz, posta eta telefono bidezkoak ere».

bidaltzen diren momentuan. Garrantzi handiko tresna da hori, ez bakarrik gutxieneko eztabaida maila ziurtatzeko, baizik eta bileren gardentasuna eta benetan gertatutakoaren transkripzioaren fidagarritasuna ere ziurtatzeko.

5.2. BATZAR NAGUSIETAN PARTE HARTZEA ETA KORPORAZIO-AGINTEA

Bazkide ugari duen sozietate mota orotan —kooperatibak, mutualitateak, kapital-korporazioak— arazo orokorra da Batzar Nagusietara ez joatea, betiere bazkide kopurua benetan handia izanik.

Ziur asko, arazo hori askoz txikiagoa da lan-kooperatibetan. Kooperatiba horietan, nahiz eta bazkide kopurua handia izan —hori bai, milaka gutxi batzuk asko jota— oso harreman sakonak daude bazkideen eta kooperatibaren artean. Harreman horiek lan-jarduerari daude loturik eta beste mota bateko erakundeetan baino interes askoz handiagoa sortzen dute bazkideengan[87]. Egia da zenbait lan-kooperatibatan Batzar Nagusietara bertaratzen diren bazkideak ez direla izaten gehiengoa; hala ere, kooperatiba horietan ere, bertaratzea askoz handiagoa izaten da aurreikusten diren bozketen garrantziaren, balizko izaera gatazkatsuaren eta hartu beharreko erabakien inguruan dauden zalantzen arabera.

Kooperatiben errealitatean, kapital-korporazio handi askotan bezala, ohikoa da zuzendariek ondo ikustea Batzar Nagusietara bazkide gutxi batzuk baino ez joatea. Ohiko argudioen artean, benetako interesa dutenak bai joaten direla aipatzen da, edo joatea ala ez joatea borondatezko erabakia dela edo, bestela, kooperatibaren kudeaketan dagoen konfiantzaren ondorio hutsa baino ez dela, etab.

Hala ere, argi dago Batzar Nagusietara bazkide gutxi joateak ondorio ezkor garrantzitsuak dituela.

Bazkide multzo handien ohiko ez bertaratze horren garrantzia handiagoa izango da, garrantzitsuak diren erabakien aurrean irauten badu. Europar Batasunean[88] aztertu eta adierazitako korporazio-agintearen arazo larria da hau. Batzar Nagusietara joaten ez den bazkidea, gehienetan, ez da horren inplikatua sentituko jardueran, eta inplikazio hori da, azken finean, lankidetzaren lehiaketarako abantailen euskarri psikologiko funtsezkoena.

---

87. Ikusiko dugunez, lan-kooperatiben korporazio-agintearen arriskurik funtsezkoena, «gehiegizko batzarzalekerian» edo egon daitekeela esan da, behin eta berriz (adib., A. C. Morales). Lan-bazkideek Batzar Nagusira joateko duten joeraren eta kooperatibaren jardueran duten interes handiaren ondorioz, Batzar Nagusietan mota guztietako erabakiak hartzeko joera sor dezakete, Errektore Batzordearen eta zuzendaritzaren autonomia-esparrua murriztuz.

88. Ik. "Co-operatives in the enterprise Europe" delako txostenaren "Agintea Enpresa Kooperatibetan", 2.9.1. atala.

Batzar Nagusietara ez joatearen arazo hau, batez ere, bazkide kopuru handia duten kooperatibetan azaltzen da eta horren larritasuna ez da berdina kooperatiba guztietan. Ohikoagoa da kontsumo- edo mailegu-kooperatibetan (bazkide erabiltzaileek jardueran duten interesa askoz txikiago izanik) eta arraroagoa —esan dugunez— lan-kooperatibetan, bazkideek jardueran duten inplikazio eta interesa askoz handiagoa delako. Hori dela-eta, lan-bazkideak Batzar Nagusietara ez joatea, askoz larriagotzat hartu behar da.

Hala ere, ez dago guztiz argi Batzar Nagusien bidez lortzen den partaidetza zenbat eta handiagoa izanda, hobe dela, eta, beraz, kosta ahala kosta lortu behar dela partaidetza hori. Batzar Nagusia informaziorako eta elkarte-nahia eratu eta adierazteko tresna da, eta ez helburua bera. Batzar Nagusi batzuk formalismo hutsak badira, edo bertaratuen kopurua txikia bada, horrek ez du derrigorrez adierazten elkarte-nahia ez dela modu egokian adierazten. Bestaldetik, Batzar Nagusietarako bertaratzea modu artifizialean bultzatzea, pizgarrien zein zigorren bidez, bazkideek duten benetako interesa edo inplikazioaren neurgailu interesgarri bati uko egitea izan daiteke, horretarako Batzar Nagusiak modu «naturalean» antolatu behar baitira.

Erakundeen organo edo jardute-sailen prestigioa beraien betekizunak ondo betetzean handitzen da. Modu eraginkorrean kudeatzeko gai diren betekizunak baino gehiago eskuratuz gero, kudeaketan hanka-sartzeak egingo dituzte eta, gainera, organo berak prestigioa galtzea dakar.

Bestaldetik, badago Batzar Nagusiek, gutxienez, egikaritu behar duten betekizun bat: zuzendarien zaintza modu eraginkorrean egitea eta, beraz, gutxienez, batzordekideak modu berjabean izendatu eta aldentzeko gaitasuna. Eta helburu horren aurkakoa izan daiteke kooperatibaren jardueran interes handirik ez duten bazkideen partaidetza Batzar Nagusietan bultzatzea.

Hala ere, Batzar Nagusia oso tresna interesgarria izan daiteke informazioa elkarri trukatzeko eta, bazkideen aldetik, batzarraren egiteko zehatzetatik aparte dauden gaien inguruko beste mota bateko ekarpenak eskuratzeko ere.

Oro har, argi dago Batzar Nagusien hutsune nabarien aurrean, beste bide batzuk zabaldu behar dituztela kooperatibek beren bazkideekin, berauen ekarpenak jasotzeko, informazioa bideratzeko, etab.

5.3. ASMOEN ERAKETA BATZAR NAGUSIAN

Dakigunez, kooperatiben eta kapital-korporazioen Batzar Nagusien itxurazko egituraketa antzekoa da. Hala ere, batzuen eta besteen osaketa oso ezberdina da eta, horren ondorioz, oso ezberdina da ere bazkideen borondatearen eraketa eta, azken finean, batzar mota biok erabakiak hartzeko duten benetako jokabidea ere.

Hori dela-eta, kooperatiben Batzar Nagusien berezko ezaugarriak honela laburbil daitezke:

- Boto-eskubidearen sakabanaketa, baita kooperatiba txikietan ere, kooperatiben izaeraren ondorioa dena, «bazkide bakoitzak boto bat» irizpidean jasota-koa[89].
- «Zaintzarako bazkiderik» ez egotea —mikrokooperatibetan ez bada— bazkide bakoitzak boto anitz izateko dituen mugen ondorioz.

  «Zaintzarako bazkiderik» ez egote honek ondorio ezkor nabariak izan ditzake Batzar Nagusiaren jokabidean. Adibidez, hartutako erabakietan gerta daitekeen koherentziarik eza, hartu behar diren erabakiak aurreikusteko zailtasuna edo Batzar Nagusiaren eta Errektore Batzordearen arteko irizpide-sintonia ziurtatzeko batzuetan sortzen den zailtasuna.

  Kooperatibetan, oro har, zailagoa izan daiteke boto-gehiengo egonkorrak eratzea.
- Eztabaiden konfidentzialtasuna gordetzeko zailtasun handiagoa.

  Honek, jakina, bere alde onak eta txarrak ditu. Zenbait datu kanpora hedatzea deseroso suerta daiteke batzuetan. Bestaldetik, kooperatiben errealitate honek gardentasun maila askoz handiagoa ziurtatzen du enpresa-kudeaketan, jardueraren arlo guztietan: estrategia, lan-arloa, kontularitza, zergen kudeaketa, etab.

Korporazio-agintean garrantzi handiko gaia da zein puntutaraino kooperatiben Batzar Nagusiek ordezkatzen dituzten bazkideen interesak. Arazo horri erantzuteko, ezberdindu behar ditugu —aurreko izenburuan esandakoari jarraituz— bazkideek jardueran interes handia duten kooperatibak —oro har, kooperatiba txikiak eta lan-kooperatibak— bazkideen oinarri zabala duten mailegu- eta kontsumo-kooperatiba handietatik. Azken horietan, boto-eskubidea milaka edo ehunka mila bazkideen artean banatzen da eta, gainera, oso interes txikia dute bazkideok jardueran eta, horren ondorioz, arazo larriak sortzen dira korporazio-agintean. Arazook Batzar Nagusiaren borondate autonomoa izateko gaitasunik ezan azaltzen dira eta, horren ondorioz, zuzendaritzaren gehiegizko protagonismoa Batzar Nagusiaren beraren antolaketa eta eginbidean. Oro har, erakunde mota horietan, ohiko errealitatea da Batzar Nagusia zuzendaritzaren menpe egotea.

Alderantziz, «mikrokooperatiba» direlakoetan, horren aurkakoa da arazoa. Bazkide kopurua txikia izanik, batzordeen eta Batzar Nagusiaren egitekoak nahastu egiten dira askotan, eta antolaketa-desorekak sortu. Batzordeen eta Batzar Nagusiaren arteko harremanaren ikuspegitik, desorekok ez dira izan ohi garrantzi handikoak, ez badago desorekok mantentzeko joera bazkide kopurua handituz doan neurrian.

89. "Co-operatives in the enterprise Europe" txostenean (2.9.1 atalean)

Arreta berezia merezi du bazkide geldo edo pasiboen menpe dauden kooperatiben arazoak eta, zehazki, boto-eskubidearen erabilerak kooperatiba horien Batzar Nagusietan. Arazo nabariena da Batzar Nagusietara dagoen bertaratzerik eza, jakina. Baina bozketak bazkideen nahien arabera bideratzeko dauden zailtasunak handiak dira ere (gehienetan bozkatu behar diren gaietan eragina izateko zailtasunengatik edo erabaki-proposamenen erredakzioagatik). Erakunde mota hauetan, «konfiantzarik ezaren botoa» bideratzeko orduan garrantzi handiko tresna izan ohi da *just vote no* delako estrategia[90].

Kooperatiba horietako askotan, goi-mailako zuzendaritzak kudeatzeko aukera guztiak ditu eta, gainera, Batzar Nagusietan boto-eskubidea erabiltzeko aukerak itxuraldatu eta adierazgarritasuna galtzeko joera nabarmena hartzen du. Batzar Nagusien onespena lortzeko asmoz, ohikoak dira boto-eskubidearen itxuraldaketok (Eisenberg, 1989: 1.461):

a. Itxurazko onespena

Bazkideak ez du botorik ematen, bere ordezkariek baizik. Zenbait legeditan —ez guztietan— onartzen da eta, batzuetan, zuzendaritzak berak erabiltzen ditu ordezkaritzak.

b. Interes-gatazka batek itxuraldatuko onespena

Bazkide multzo bat —edo batzordekide bat zein Batzar Nagusian eragin handia duen pertsona bat— presionatuta dago zuzendaritzaren proposamenaren alde azaltzeko edo bozkatzeko, kooperatibarekin dituzten harreman operatiboen bidez.

c. Bortxatutako onespena

Adibidez, zuzendaritzak lotzen badu, alde batetik, bazkideentzat erakarga rria den erabaki bat —erretornoen banaketa, adibidez— beraien interesen aurkakoa den beste batekin.

d. Onespen «urria» (‘*impoverished*’)

Erabakia hartzeko bazkideak dituen aukerak modu artifizialean mugatzen badira, zuzendaritzaren berezko interesen arabera.

5.4. TALDEEN ASMOEN ANTOLAKETA

Aurreko atalean ikusi ditugu kooperatiben Batzar Nagusietan nahien eraketaren ezaugarri orokorrak. Hortik aparte, arazo bereziak sortzen dira nahien antolaketa horretan bazkide multzo konplexuak dituzten kooperatibetan. Eta hori gerta daiteke

---

90. Askotan, Batzar Nagusiaren jarrera hau urteko kontuak onartzeko orduan adierazten da. Batzuetan, harritu egiten dira batzordekideak aurkezturiko urteko kontuen proposamenaren aurka Batzar Nagusiak emandako aurkako botoagatik. Gehienetan, kudeaketarekin bat ez etortzearen zantzua baino ez da.

bazkide kopuru handiagatik edo, askotan, bazkide mota edo sail ezberdinetako taldeak egoteagatik. Hori da, ziur asko, beste enpresetan erabiltzen ez diren antolaketa-tresna batzuk kooperatibetan ezartzearen arrazoia. Tresna horien artean, hurrengo atalean ikusiko ditugunak, «Ordezkarien Batzarrak» direlako tresna bitxi horiek, elkarte-egituren ikuspegitik guztiz deigarriak direnak.

Azpimarratzekoa da, alde horretatik, ohikoa dela kooperatiba berean bazkide talde ezberdinak egotea, bazkide mota gisa hartuta, ia-ia beti estatutuen bidez onarturiko boto-eskubidearen ehunekoekin.

Batzuetan, bazkide mota ezberdinak egotea (bezeroak, langileak...) modu ezegokian bideratu da, adibidez, langileak bazkide kontsumitzaile gisa onartuz, etab. Edonola ere, metodologia okerra eta desorekatua da arazo hau bideratzeko orduan eta, horren ondorioz, gardentasunik eta argitasunik ez nabariak sortzen dira kooperatibaren jabetzan[91].

Boto-eskubidearen kuota edo esparru ezberdinak onartzeak erabide ezberdinak ditu:

- Estatutuen bidez bazkide mota ezberdinak onartzea (lan-bazkideak, erabiltzaileak, laguntzaileak, jardunik gabekoak, diru-ezarleak...). Ohikoa da, orobat, legean aurreikusitako mota horien barruan, estatutuek boto-eskubide esparru ezberdinak onartzea, mota bakoitzean bazkide multzo ezberdinei egokiturik.
- Boto-eskubide plurala duten bazkide multzoak legearen edo estatutuen bidez onartzea[92].
- Bazkide mota ezberdinentzat legean edo estatutuetan ezarritako proportzioak gordetzeko boto plural edo boto zatikatua erabili behar izatea.
- Iraupen mugatuko bazkideen boto-eskubideak dituen lege-mugak ezartzea[93].
- Lege-arau zehatzetan ezarririko boto-eskubidearen esparru edo ehunekoak, bigarren mailako kooperatibetan adibidez.

Boto-eskubidearen esparru zehatz horien eta «bazkide bakoitzak boto bat» irizpidearen arteko bateragarritasuna argituz joan da Kooperatiben Legedian, gero

91. Horra hor zergatik "The Co-operative advantage" (4. iz., 1. at.) txostenean hauxe esaten zen: «Kooperatibetako langileak batzordean ordezkaturik izateko sistemarik onena "erreserbaturiko hautesgunea" izango litzateke. Horrela, kooperatibako bazkide bihurtzera bultzatuko lirateke langileak eta langileen "erreserbaturiko hautesgune" horrek bakarrik hautatuko lituzke batzorderako bere ordezkariak».

92. Euskal Legearen kasuan, «Kooperatibak, hauen partaidetza duten sozietateak edo erakunde publikoak» (35.2 at.).

93. Ik. Euskal Legearen 26.2 at.

eta gehiago. Horretarako, boto-eskubidearen berdintasun-irizpidea multzo bakoitzeko bazkideen artean ezartzen da, bazkide mota bakoitzak —legearen eta estatutuen arabera— duen boto-ehunekoa aldi berean gordez. Hori bideragarria izateko, gero eta gehiago, bazkideen boto plurala edo zatikatua argi eta garbi onartzen da, horrela mota bakoitzeko bazkide multzoak estatutuetan zehazturiko boto-esparrua eskuratzeko[94].

Edonola ere, ez dago guztiz argi oraindik bazkide multzoen arabera egokitutako boto-eskubide honek sorturiko arazo multzoa. Behin baino gehiagotan sortzen den arazoa da ea multzo bakoitzari dagokion boto kopurua, oro har, multzo horretako bazkide guztiei dagokien boto kopurua den, edo Batzar Nagusietara bertaratutakoen artean banatu behar diren boto-eskubidearen esparruak diren (edo bozketa bakoitzean erabilitako botoen arabera). Garrantzi handiko gaia da hau, batez ere, jakina, egoera gatazkatsuetan, Kooperatiben Legedian edo estatutuetan argitu behar dena.

Argitu behar den beste gai bat —eta beste leku batean aipatzen duguna— Batzar Nagusian bertan batzuetan egin behar diren bozketa ezberdinak bazkide multzoen arabera; adibidez, bazkide multzo bakoitzak Errektore Batzordean izan behar dituen ordezkariak izendatzeko.

Azkenik, bazkide mota ezberdinak edo «sailak» eratuz gero, «Saileko Batzar Nagusiak» eratzeko aukera dago ere, kooperatibako Batzar Nagusiaren menpe.

5.5. SEKTORE EDO ATALEKO BATZARRAK

Kooperatiben eta kapital-korporazioen Batzar Nagusien artean dauden osaketazko funtsezko ezberdintasunak, zenbaitetan, arauetan ere jasotzen dira. Horietako bat, nabarmena, Sektore, Sail edo Ordezkarien Batzarra da. Bazkide-oinarri konplexua duten kooperatibetan, bai bazkide kopuru handiaren ondorioz, bai bazkide multzo ezberdinak egotearen ondorioz —ordezkaritza-irizpide ezberdinak izanik— ez da gomendagarria edo eraginkorra bazkide guztiak leku berean biltzea. Horra hor zergatik Ordezkarien Batzarra bazkide multzo ezberdinen aurreko bileren arabera eratzen den, berauen helburu funtsezkoena Batzar Nagusirako ordezkariak izendatzea izanik.

Kontzeptu hau Europako Kooperatiba Elkartearen Estatutuaren 63. atalean arautzen da:

94. Hauxe da 1999ko Espainiako Lege Orokorraren 26.3 atalaren jatorria.

63. atala

Sektore edo Ataleko Batzarrak

1. EKEk jarduera ezberdinak jorratzen baditu, lurralde batean baino gehiagotan egiten baditu jarduerak edo lantoki batzuk baditu edo 500 baino bazkide gehiago, Sektore edo Ataleko Batzarrak egitea aurreikusi ahal izango dute estatutuek, dagokion estatuaren legediak ahalbidetzen badu. Estatutuek sektore edo ataleko banaketa zehaztuko dute eta horien ordezkari kopurua ere.
2. Sektore edo Ataleko Batzarrek beren ordezkariak aukeratuko dituzte, lau urteko gehienezko epe baterako, aurretiko baliogabetzea ez bada erabakitzen. Horrela izendaturiko ordezkariek EKEren Batzar Nagusia osatuko dute eta horren barruan beraien Sektore edo Atala ordezkatuko dute, eta Batzar Nagusiaren erabakien berri emango dute Sektore zein Atalotan.

Antzekoa da Euskadiko Kooperatiben Legearen 38. ataleko 1. azpiatala, Ordezkarien Batzarrak honela arautzen dituena:

38. atala.- Ordezkarien Batzarra

1. Kooperatibak bostehun bazkide baino gehiago baldin baditu edo Batzar Orokorrean bazkide guztiak egoteko behin eta berriz oztopo larriak eragiten dituzten egoerak gertatzen badira, Batzar Orokorra, Prestatzeko Biltzarretan aukeratutako bazkideen ordezkariek osatzea jaso ahal izango da estatutuetan.

Bazkide mota ezberdinak izanik, Ordezkarien Batzar hauen helburua, zenbaitetan, itxurazkoa baino ez da. Dakigunez, estatutuek multzo bakoitzari ehuneko zehatz bat ezartzen diote Batzar Nagusian behin baino gehiagotan. Eta «bazkide bakoitzak boto bat» oinarri-irizpideari buruz batzuetan egin den interpretazio estuegiaren ondorioz, derrigorrezkoa izan da Batzar Nagusian multzo bakoitzak duen ordezkari kopurua multzo horren boto kopuruaren ehunekoari egokitzea. Hori lortzeko, derrigorrezkoa izan da batzuetan aurreko Ordezkarien Batzarretan, ordezkarien kopurua zehazteko orduan, geroko Batzar Nagusietan erabil daitezkeen botoen kopuru berdina izendatzea.

Horrela, beste helburu bat lortzen zen ere: bazkide multzo bakoitzak Batzar Nagusian duen boto-eskubidearen zatikiaren eta multzo horren balizko bertaratuen arteko desoreka handiegiak konpontzea, desoreka hori batzuetan handiegia zelako eztabaida modu egokian prozesatzeko batzarrean. Horrela gertatzen zen, adibidez, hezkuntza-kooperatiba integraletan; non, lan-bazkideek eta bazkide erabiltzaileek boto-eskubidearen antzeko portzentajeak izan ohi zituzten; Ordezkarien Batzarraren bitartez, boto-eskubidearen portzentaje horien araberako ordezkari kopurua izendatzen zuen bazkide multzo bakoitzak Batzar Nagusirako.

Beste zenbait kasutan, Ordezkarien Batzarrak eratzeko arrazoia bazkide kopuru altua da eta argi dago zeharbidezko ordezkaritzazko tresna interesgarria dugula hau. Egiaz, betiko organo-eraketarako egituraren aurrean —Batzar Nagusia eta Errektore Batzordea— egitura hirukoitza aurkitzen dugu hemen. Lehenengo mailan Prestatzeko Batzarrak, bigarren mailan Batzar Nagusia eta hirugarren mailan Errektore Batzordea.

Horrela, nahiz eta Prestatzeko Batzarren eta Batzar Nagusiaren aginpide-esparruak bat etorri, Prestatzeko Batzarrak tresna egokia izan daitezke eztabaidaren oinarrizko osagaiak bideratzeko, bazkideen inplikazioa ziurtatzeko, etab. Azken finean, Batzar Nagusian hartzen diren erabakien ordezkatze maila ziurtatzeko tresna dugu hau.

Batzuetan, Prestatzeko Batzarrok gutxiengoen boto-eskubideak eta interes-edo iritzi-taldeen nahiak antolatzeko tresna egokia izan daitezkeela esan da. Hori dela-eta, zenbait proposamen egin dira; adibidez, «autoeratutako» Prestatzeko Batzarrak, beren kabuz deituak, gai zehatzak aztertzeko (Paz, 2002: 135, 136).

Edonola ere, Prestatzeko Batzar horiek oso tresna interesgarria izan daitezke kooperatiba handietan partaidetza errazteko eta horien erabilera heda daiteke orain arteko esparrutik at, zerbitzu- edo kontsumo-kooperatibetatik harago. Lan-kooperatiba handietan ere, horrelako tresnak erabiltzeko aukera azter daiteke, Batzar Nagusietan hartzen diren erabakietan bazkideen partaidetza maila handitzeko asmoz.

5.6. BATZAR NAGUSIAREN ANTOLAKETA

Batzar Nagusiaren antolaketaren alderdi formaletan gehiegi gelditu gabe, kooperatibaren egitura eta agintean organo horrek duen eraginarekin loturik ez daudenak, interesgarria izan daiteke haren antolaketaren zenbait gai aipatzea.

Esan dugunez, bazkideen bilera baino ez da Batzar Nagusia. Kontuan hartu behar dugu, esan dugunez, kooperatibaren korporazio-agintearen eraketa, printzipioz, bazkide multzo handientzat dagoela diseinatuta. Horra hor zergatik kooperatiben Batzar Nagusiak arautzeko orduan kapital-korporazioen ereduari jarraitu zaion eta ez malguagoak diren beste batzuei (partnerships, sozietate zibilak edo kolektiboak, etab.).

Itxuraz, kooperatiben eta kapital-korporazioen Batzar Nagusien antolaketa antzekoak dira. Esan dugunez, kasu biotan, hauxe da Batzar Nagusia: bazkideen bilera, taldeko elkarte-nahia eratzeko asmoz, leku berean eta une berean[95], legean edo estatutuetan zehazturiko irizpideen arabera.

Bazkide kopuru handi horren ondorioz, hauxe ikusten dugu: Batzar Nagusia, printzipioz, aldizka antolatzen den bazkideen bilera da, aldi horiek luzeak izanik —gehienetan urtean behin—. Egiaz, legediaren arabera, urtean behin baino ez da

95. Hala ere, esan dugunez, oinarrizko irizpide hauek ere salbuespenak onartzen dituzte, aipaturiko Ordezkarien Batzarra adibidez edo bazkideen nahia Batzar Nagusitik kanpo bideratzeko tresnen kasua (Kontseilu Sozialaren izendapena, erreferenduma).

derrigorrezkoa Batzar Nagusia deitzea. Hori bai, garrantzitsuak diren erabakiak hartzeko beharrezkotzat jotzen bada, badago biltzeko aukera, baina hori ez da batere ohikoa. Taldeko organoa izanik, izaera iraunkorrik ez du eta, esan dugunez, oso gutxitan antolatzen dira bilerak.

Nork erabakitzen du Batzar Nagusia deitzea? Kide kopuru handia duten taldeko organo guztietan bezala, nork bere burua deitzea ez da batere erraza eta, beraz, deialdi hori erraztu eta ondo eratzeko asmoz, administrazio-organoari dagokio, «korporazio» izaera duten erakunde guztietan gertatzen den moduan. Hori bai, jakina, urteroko ohiko Batzar Nagusia deitzeko orduan, legean ezarritako irizpideei jarraitu behar die Errektore Batzordeak.

Errektore Batzordea ere da —eta, zehazki, beronen lehendakaria— Batzar Nagusia modu egokian antolatu eta gauzatzeko arduraduna. Gure inguruko legedietan —eta, zehazki, euskal legedian—, kooperatiba handietan Zaintza Batzordea delako organoak ere ezarritako irizpide eta prozeduren lege eta estatutuen araberako baliagarritasuna zaintzeko ardurak hartzen ditu. Kooperatiba askotan, batez ere bazkide mota anitzek osatutakoetan, batzarra osatzeko orduan —eta batzarkide bakoitzari dagokion boto kopurua zehazteko orduan ere— arazo bereziak sortzen dira. Horra hor Zaintza Batzordearen funtzio honen garrantziaren jatorria, nahiz eta errealitatean oso modu eraginkorrean beti ez erabili.

Kooperatiba mota ezberdinen errealitatean oso ezberdina da Batzar Nagusien eginbidea. Hori dela-eta, ondoko kooperatiba motak ezberdin ditzakegu:

a. Norbanakoek osaturiko kooperatiba txikiak.

Kooperatiba hauetan, honako joera hauek igartzen dira:

- Erabakitzeko gaitasun handia du Batzar Nagusiak.
- Bazkideek informazio-eskaera zehatz asko egiten dituzte.
- Garrantzirik ez duten gaiak erabakitzeko Batzar Nagusiak etengabe deitzen dira.

b. Enpresari edo profesionalek osaturiko kooperatiba txikiak.

- Boto-eskubidearen inguruko eztabaidak.
- Batzar Nagusia zuzendaritzaren menpe geratu ohi da.

c. Kooperatiba handiak.

- Batzar Nagusia zuzendaritzaren menpe geratu ohi da.
- Itxurazkoak baino ez diren Batzar Nagusiak.

5.7. *BATZAR NAGUSIAREN BEREZKO GAITASUNA ETA AHALMENAK*

Ikuspuntu funtzionaletik, Batzar Nagusia noizbehinka baino ez biltzean eta, gehienetan, batzarkide kopuru handien ondorioz, organo edo jardute-sail hau ezin da eraginkorra izan arlo tekniko edo operatiboan hartu beharreko erabakiak hartzeko.

Argi dago Batzar Nagusiak —bazkideen nahiak ordezkatzeko duen gaitasunaren ondorioz— erabakiak hartzeko duen legitimitatea. Hala ere, labur esanda, organo honen arazo operatiboak horrela labur daitezke[96]:

- Noiz behinkakoa izatea (urgenteak diren kudeaketa-gaiez arduratzeko ezgai bihurtzen duena).
- Batzarkide kopuru handia (mikrokooperatibetan izan ezik).
- Batzar Nagusira joango diren bazkideen kopuru eta ezaugarriak aurreikusteko ezintasuna[97].
- Deialdirako berme formalak.

Kooperatibetako kide eta arduradunak muga hauen jakinean egon behar dira[98]. Egia da, orobat, horren ondorioz, kooperatibetako zenbait zuzendarik batzarra ia-ia «mespretxatzeko» joera dutela, ia-ia etsaitzat harturik. Ez dugu ahaztu behar jarrera hori ulergarria izan ohi dela Batzar Nagusiaren aginpideak puztu egin dituzten kooperatibetan. Horrelako kasuetan, oso konplexuak edo ulertzeko zailak diren gai teknikoak eramaten dira batzarretara eta, horrela, organo honen erabakiak «ausazkoak» edo bihurtzen dira.

Zuzendaritza edo Errektore Batzordeen jokabide horiek Batzar Nagusiaren jarduera-esparrua ahal den gehien mugatzera eramaten dute «bai bere aniztasunean bai bere luzapenean, edukian eta aginpide-esparruan, Batzar Nagusiaren betiko eginbeharrak salbu (urteko kontuak, hauteskundeak, estatutuen aldaketak, barne-araudiak, bat-egite edo banatzeak)» (Paz, 2002: 162). Errealitatean, jokabide horien ondorioz, Batzar Nagusiaren benetako zeregina «eraginkorra ez den batzordea (izendatu eta) botatzera» (Pound, 2000: 81) mugatzen da behin baino gehiagotan.

96. «Batzar Nagusien konplexutasuna (are gehiago bazkide asko bertaratzen badira), liderren eragina eta Errektore Batzordearen ezkutuko estrategiak horrelako taldeen jokaerak bideratzeko —eta, batzuetan, manipulatzeko— tresnak izan daitezke» (Ballestero, 1990: 72)

97. «Batzar Nagusiaren iritzia lortzea (edo, bestela esanda, jardute-sail honen nahia adierazteko modua) eginbide geldoaren ondorioa da (eztabaida, bozketa eta emaitzak aldarrikatzea), gutxi gorabeherako bere iraupena aurreikusteko ezinezkoa dena. Beste arrazoien artean, bilera hasi arte ezezaguna den eragile batekin dago lotuta: bertaratuen kopurua» (Paz, 2002: 118).

98. Ez dugu ahaztu behar Batzar Nagusien eraketa eta eginbidea oso ezberdina dela kooperatiba mota batzuetan eta besteetan. Horri buruz, hauxe esan zuen E. Ballestero-k (1990: 72): «Ziur asko, Batzar Nagusietan ez dago baterako ezaugarri orokorrik. Zenbait kooperatibatan jauntxokeria ukaezina aurkitzen dugu eta, beste batzuetan, miresteko moduko demokrazia maila dute. Errektore Batzordeari aurre egiteko gai diren liderrak sortzea garrantzi handikoa da, hori baita jauntxoaren interesen alde bide okerra hartu duen agintearen aurkako ekimenak bideratzeko era bakarra».

Alderantziz, bazkide multzo zabalek, batzuetan, Batzar Nagusiaren aginpide-esparrua zabaltzeko beharraren alde jokatu izan dute, kooperatibaren izaera demokratikoa bermatzeko beharrezkotzat joz[99]. Hala ere, egitura demokratikoei buruz egindako ohiko hausnarketak ere erabilgarriak dira kooperatiben Batzar Nagusietan. Eta, konkretuki, erabaki behar duen pertsona multzoa zabaltzen den neurrian, batzarretan hartutako erabakiak ez dira «ordezkaturiko demokrazian» erabiltzen diren eginbideak baino demokratikoagoak, alderantziz baino. Momentu zehatz batean bildutako bazkide multzoa desorientatu, engainatu eta, azken finean, «manipulatzea» errazagoa da, bazkideon ordezkari iraunkorren taldea baino.

Batzar Nagusiak organo gisa duen legitimitatea nabaria da; hala ere, ez dugu pentsatu behar bere benetako indarra handitzen denik aginpide gehiago jasotzeagatik. Alderantziz, edozein organok, modu eraginkorrean erabiltzeko gai ez den aginpideak jasotzen baditu, epe ertainera, organo beraren ospe-galtzea eta kooperatibaren beste guneen mesfidantza baino ez ditu lortzen. Horren ondorioz, kontrako eragina sortzen da, eta zuzendari eta administratzaileek edozein aitzakia bilatzen dute batzarraren eztabaida alboratzeko[100].

Alderantziz, oso eragin ezkorra dute ere itxurazkoak baino ez diren Batzar Nagusiek. Bertan, garrantzi handiko gaiak ere ohikeriaz bideratzen dira, eztabaidarako aukerarik utzi gabe —bai batzar aurrekoan bai dirauen bitartean ere—[101]. Askotan, hauxe da egoera horren ondorioa: zuzendariek erabiliak direla eta batzarrak erabakitzeko benetako gaitasunik ez duten itxurakeria hutsak direla uste dute bazkideek.

Batzar Nagusiak dituen berezko arazo multzo hauen ondorioz, organo hau etengabe eraldatzen ari da erabakitzeko ahalmen guztiak dituen bazkideen bileratik[102] berjabeak baino gehiago mugatuak diren aginpideak dituen organo bihurtu arte. Bilakaera hau, ikusten dugunez, zenbait legeditan kapital-korporazioek izan duena-

---

99. Idazleen artean honen aurkako joera da nabariena: «... hutsegite handia da —doktrinan eta legeetan askotan ikusten dena— kooperatiben demokraziaren ondorioz, organo honek —bere kabuz eta gero eta gehiago— aginpide-esparru zabala izan behar duela uste izatea, administrazio-organoaren lepotik. Hutsegite hori utopia demokratikoaren kritikarik gabeko gorespenaren ondorioa da, batzarren eginbideek jokatzeko dituzten muga modu nabarmenean ahaztuetan oinarrituta» (Paz, 2002: 118).

100. «Batzar Nagusien balizko ekarpenen aurrean, nolabaiteko mesfidantza edo, gutxienez, sinesmenik eza» aipatzen zuen, nahiz eta arazo hori arrazoi «ideologiko»etan oinarritu (Paz, 2002: 14).

101. Paz Canalejo-k (2002: 118, 119) hauxe dio: «Bazkideek Batzar Nagusian erabil ditzaketen eskubide gutxiengatik alde batetik, eta beraien eta administratzaileen artean dauden informazio-asimetriak eta komunikatzeko ohiturarik ezagatik bestetik, batzarren bilakaera formalismo hutsa bihurtzen da (bazkideen geldotasunaren aurrean) edo motela, neketsua eta parte hartzeko ezegokia, parte-hartzearen desinzentibatzailea ez bada».

102. «Ahalmen guztiok» esateko modu hau argitu behar da ere. Alde batetik, legearen mugak gorde behar dira. Bestaldetik, behin eta berriz aipatu dira beste muga hauek: a) Kooperatibaren interesak . b) Bazkideen eskubideak. Eta c) Administrazio-organoaren gutxieneko aginpideak.

ren antzekoa da, baita arlo politikoan demokrazia ordezkatuaren ohiko eginbideenak ere.

Hauxe bera da Kooperatiben Zuzenbideak izan duen lege-garapenaren beraren arrazoia ere. Horren jatorrian, kooperatibaren jarduerari buruzko edozein motatako erabakiak hartzeko gai zen betiko Batzar Nagusia zegoen. Azken hamarkadetan, bestela, —1993ko Euskadiko Legetik aurrera eta, bestaldetik, Europako Kooperatiba Elkartearen Estatutuaren 52. atala bera— legean ezarritako gai multzo zehatz batez baino ezin ditzake erabakiak hartu oraingo Batzar Nagusiak. Kooperatibaren jarduera eta ondareari buruzko gainerako erabakiak administrazio-organoaren esku gelditzen dira.

Idazleek (Paz, 2002: 125) honako hiru oinarrizko arrazoi hauek aipatu dituzte aginpide-banaketa horren alde:

a. Organoen arteko koherentzia eta lege-ziurtasuna lortzeko araua da. Ez luke zentzurik izango *ex lege* beste organoei aginpideak ematea eta, aldi berean —arrazoi larririk ezean— Batzar Nagusiak aginpide horiek eskuratzea ahalbidetzea.

b. XXI. mendearen hasieran sozietate bateko organoen eginbide egokian derrigorrezkoa den aldaketa da aginpide-banaketa hori.

c. Kooperatibisten berjabetasunak —erretolika hutsa ez bada— ikuspegi eta ezarpen ezberdinak onartzen ditu. Ez du derrigorrez eskatzen Batzar Nagusiak aginpide mota ezberdinak erakartzea. Azken hori kooperatibaren garapen eraginkorraren aurkakoa izango litzateke. Ez da ordaindu behar enpresa eraginkortasunik ezaren salneurria «demokrazia parlamentario» bat eskuratzeko asmoz, batzarrak bilera asko eta aginpide zabalak izanda. Horren benetako ezarpena ez litzateke bideragarria izango, organo honetara ohiko kudeaketaren gaiak eramatearen ondorioz galduko liratekeen denbora eta isilpekotasunagatik.

1993ko Euskadiko Legearen edukitik ondorio garrantzitsuak atera dira beharbada, Batzar Nagusiaren aginpideei buruz legeak ezartzen dituen mugez. Argi dago lege-irizpide hau zehatza dela arauzkoak ez diren gaietan, Errektore Batzordearen esku gelditzen direlako. Arauzkoak diren erabakiak, alderantziz, errazagoak dira Batzar Nagusiaren esku uzteko, estatutu edo barne-araudian sartuz gero, azken araudi biok, argi eta garbi, Batzar Nagusirako legez ezarritako aginpide-esparruaren barruan gelditzen direlako.

Horri buruz, 1993ko Euskadiko Legea eta Europako Kooperatiba Elkartearen Estatutua baloratzeko orduan, ondokoa hartu behar da kontuan:

- Alde batetik, zalantzatan jarri behar da horrelako irizpide zehatzari jarraitzea kooperatiba handiak eta txikiak ezberdindu gabe. Batzar Nagusiaren eta Errektore Batzordearen arteko aginpideen banaketak arazo praktiko asko sor ditzake kooperatiba txikietan eta, zehazki, lan-kooperatiba txikietan. Ez dugu ikusten arazorik irizpide malguago bati jarraitzeko, kooperatiba bakoitzaren bazkide kopurua kontuan hartuz.
- Bestaldetik, aginpide-banaketa horrek ez du ondorio gisa Batzar Nagusien benetako indarra galtzea. Esan dugunez —epe luzera— organoak ez dira indartzen modu eraginkorrean erabiltzeko gai ez diren aginpideak eskuratzeagatik. Alderantziz, horrelako baldintzetan onartutako aginpideak organo horren irudi-galtzea dakar. Elkartearen organoen kasuan, mesfidantzazko barne-egoera bat sortzen du eta aldizkako bileren aurrean bazkideek atzera egitea, uzkurtzea dakar.

Alderantziz, organo batek dituen betekizunak modu eraginkorrean betetzeak irudi ona ematen dio organoari eta kooperatibaren elkarte-egituraren barruko kokapena indartzen du. Izan ere, uste badugu Batzar Nagusiak zenbait erabaki eraginkorki hartzeko gai ez direla, irizpide honek ondorioak izan behar ditu arauetan. Aldi berean, kooperatiben bazkideek serioski hartu behar dute kontuan, askotan, benetako aurrerapausoa izan daitekeela bazkide askok osaturiko Batzar Nagusiei zenbait aginpide kentzea. Betiere, aginpide horiek operatiboak izanik, talde handietan objektiboak —edo aleatorioak— diren irizpideen arabera aztertzen direlako.

Edonola ere, Batzar Nagusiaren benetako agintea giltzarriak diren gaietan azaltzen da: administratzaileak izendatzean, edo egoera estrategikoetan (sozietate-eraldaketak, egiturazko edo arauen aldaketak...).

Beste gauza bat da —esan dugunez— euskal legeak irizpide hori ezartzeko orduan izan duen gogortasuna, kooperatiba handiak eta txikiak ezberdindu gabe, edo —mikrokooperatiben kasuan— Batzar Nagusien erabakitzeko gaitasunaren mugen ezarpena estatutuen esku utzi gabe. Kontuan hartu behar dugu Batzar Nagusiak biltzeko eta eztabaidatzeko dituen mugen arazoa kooperatiba handietan agertzen dela, baina ez txikietan. Guztiz deigarria da hau lan-kooperatiba gehienetan. Dakigunez, kooperatibok batez beste 8 eta 10 arteko bazkide dituzte. Kooperatibotan bat egiten dute nolabait Batzar Nagusiak eta Errektore Batzordearen osaketak; Batzar Nagusiaren aginpideak mugatzearen beharra eta zentzua nabarmen murrizten dira eta, askotan, horren ondorio bakarra kooperatiba hauen organo eta egiturazko konplexutasuna behar gabe handitzea da.

Eginkizunen mugatze horretatik aparte, badago legedi guztiek derrigorrez Batzar Nagusiaren eskuetan uzten duten aginpide-esparru bat[103], organo hau kooperatibaren organo berjabea izanik. Legedi gehienetan, badaude Batzar Nagusiari dagokion aginpide-esparruari buruz zalantzagarriak diren gai batzuk[104].

Azkenik, ez dugu ahaztu behar, Euskadiko Legearen arabera, estatutu eta barne-araudiaren onarpena Batzar Nagusiaren esku uzteak ia-ia arau-aginpide guztiak organo horren aginpide-esparruaren aginpide-esparruan uztea dakarrela, nahiz eta kooperatibaren ondare edo jarduerarekin loturiko erabaki zehatzak administrazio-organoaren esku geratu, estatutuek besterik ez badute arautzen.

---

103. Oinarrizko erreferentzia gisa, hauxe da 1993ko Kooperatiben Legearen 31. atalak ezartzen duena:

3. Jarraian datozen arloetan akordioak hartzea Batzar Orokorraren ardura izango da soil-soilik:
   a. Administratzaileak, Zaintza-batzordeko kideak, kitatzaileak eta, hala badagokio, Errekurtso-batzordeko kideak eta Elkarte-kontseiluko kideak, isilpeko boto-ematearen bidez, izendatu eta kargutik kentzea eta horiei erantzukizunak eskatzea.
   b. Kontu-ikuskatzaileak izendatu eta kargutik kentzea. Hau bidezko arrazoiren bat dagoenean baino ezin izango da egin.
   c. Elkartearen kudeaketa aztertu, urteko kontuak onartu eta gaindikinak nola banatu eta galerak nola egotzi erabakitzea.
   d. Derrigorrezko ekarpen berriak, kapitalean egindako ekarpenen interesak eta sarrerako edo aldikako ordainkizunak zenbatekoak izango diren finkatzea.
   e. Zor-agiria, parte-hartze agiriak edo parte-hartze agiri bereziak jaulkitzea.
   f. Elkartearen estatutuak aldatzea.
   g. Bigarren mailako kooperatibak, kooperatiba-bazkunak eta antzeko erakundeak eratzea, eta bai horiek elkarri eratxikitzea eta elkarrengandik banatzea ere.
   h. Elkartea beste batzuekin bateratu, banatu, eraldatu edo desegitea.
   i. Estatutuen arabera kooperatibaren ekonomia, antolaketa eta egitekoen egituretan oinarrizko aldaketak eragin ditzaketen beste erabaki guztiak hartzea.
   j. Kooperatibaren barne-araudia onartu edo aldatzea.

Legeak hala ezartzen duen gainontzekoetan, akordioak hartzea.

Bestaldetik, hauxe da Europako Kooperatiba Elkartearen Estatutuaren 52. atalak dioena:

Batzar Nagusiak ondoko arauek aginpide zehatzak ematen dizkioten gaietan hartuko ditu erabakiak:

Araudi hau SCEk helbidea duen Estatu kidearen legediaren arauak 2003/72/CE Direktibaren arabera harturik Batzar Nagusiak erabakiak hartuko ditu ere EKEren egoitza dagoen Estatu kidearen Zuzenbidea ezargarria duen kooperatiba bateko Batzar Nagusiari dagokion aginpidearen barruan dauden gaietan.

104. Batez ere Euskadiko Legearen 31. ataleko 1.i) azpiatalean jasotariko «egiturazko eraldaketa funtsezkoak» kontzeptuari dagozkionak.

Ez dugu baztertu behar ere Batzar Nagusiak oraingo legearen arabera dituen aginpideak berraztertzeko aukera[105]. Zehazki, urteko kontuak onartzeko aginpidea jar daiteke zalantzatan —ez etekinen banaketa— bazkideen nahia modu eraginkorrean aztertu eta prozesatu behar bada. Dakigunez, urteko kontuak ez dira zergatik banandu behar bazkideen artean batzarra egin aurretik. Kontuan hartu behar da, orobat, erabaki horrek ez duela adierazten urteko kontu horiek ondoriotzat dituen kudeaketa onartzen denik, baizik eta horien eduki informatiboa zehatza eta egokia dela. Errealitatearekin bat datozela.

Eginkizun hori administratzaileentzat ere bada modu egokian hartzeko zaila. Gainera, Errektore Batzordeak urteko kontuei buruz egiten duen txostenaren eta Kontuen Ikuskaritzarenaren arteko balizko ezberdintasunak bazkideei azaltzea ere ez da beharrezkoa. Hori dena kontuan hartuta, nola eska diezaiokegu Batzar Nagusiari urteko kontu horiek ondo eginak daudela onartzea? Zentzugabekoa da guztiz, eta horrela onartzen da legedi aurreratuenetan.

105. Hauxe da N. Paz Canalejo-k (2002: 132, 133) proposatzen duen aginpide-zerrenda:

a. Kontularitza eta kudeaketaren zaintza, bai eta etekinen banaketa.
b. Administratzaileak eta beste kargu sozialak hautatu eta ezeztatu; hala ere, kautelazko gabetzea eta ezeztatze bera —urgentziazko beharraren aurrean— beste organoen baterako bilera berezi baten bidez izan daitezke erabakiak, estatutuek zehazturiko berme eta eginbidearen bidez, azken hori kontrajarria izanik beti.
c. Estatutuen aldaketa —udalerri barruko egoitzaren aldaketa izan ezik— eta barne-araudiaren onarpena, aldaketa eta ezeztatzea. Hala ere, estatutu edo barne-araudiaren zatikako aldaketa bat onartuta, Errektore Batzordearen esku utz daiteke horien testu bateratua egitea, horren informazioa hurrengo Batzar Nagusian emanez.
d. Derrigorrezko ekarpen berriak eta borondatezko ekarpenak onartzea. Azken hori, zenbaitetan, Errektore Batzordearen eskuetan uzten dute estatutuek —kapitalaren ordainketa, lege-mugen barruan sartuz— bai eta ekarpenen gaurkotzea ere.
e. Sarrera eta aldizkako kuotak (Errektore Batzordeak) ezartzeko gutxieneko eta gehienezko mugak, bai eta bazkide berrien ekarpenak zehazteko eta ekarpenen ordainketarako oinarriak.
f. Eskualdagarriak diren baloreen edozein jaulkipenaren oinarriak, kapital sozial bihur daitezkeen neurrian.
g. Kooperatibaren egiturazko eraldaketak (bat-egitea, banaketa, jarduera-arlo baten eskualdatzea, eraldatzea) eta ondare-eraldaketak elkarte-helburuarekin loturik ez daudenean edo garrantzi handikoak direnean, estatutuek zehaztu behar diuzten mugen barruan (edo, bestela, gutxienez berezko baliabideen laurden bati dagozkionak).
h. Beste erakunde batzuekin sozietate-, elkarte- edo finantza-loturak ezartzea (edo erakunde horiek sortzea) bazkideen ekonomia-interesekin zuzenki loturik ez daudenean edo, beraien garrantzi, izaera edo ekonomia-adierazgarritasunagatik, kooperatibaren berjabetzan, organoen aginpideetan edo elkarte-ondarean eragina dutenak, aurreko azpiatalean aipaturiko antzeko moduan
i. Erantzukizunerako elkarte-akzioa egikaritzea —honekin loturiko antzeko aginpideekin batera— edozein karguarekiko, bai eta kontu-ikuskariekikoa.
j. Legeak edo estatutuek ezarritako gainerako aginpideak, Errektore Batzordearen berezko aginpide-esparru erakargarria gordez.

Batzar Nagusiaren jarduera eta aginpideen eremu berriaren benetako eragina, jakina, administrazio-organoaren berezko jarduera-esparruarekin dago loturik, bai eta kooperatiba bakoitzaren berezko errealitatearekin ere eta, zehazki —berriz ere— kooperatiba bakoitzaren neurriarekin.

Egiaz, kooperatiba ertain eta handien errealitatean, Batzar Nagusiaren aginpide-esparrua, legean aurreikusitakoaren inguruan koka daiteke[106], mugaturiko aginpideen bidez. Hala ere, kooperatiba txikietan —lan-kooperatiba gehienetan— kudeaketa-aginpide asko hartzen dute Batzar Nagusiek eta ez da erreza legearen bidez aginpide horiek mugatzea. Errealitatean, Batzar Nagusiaren eta Errektore Batzordearen artean aginpideen bat-etortzea gertatzen da eta ez da batere erraza ezberdintzea non hartzen diren erabakiak, organo batean eta bestean bazkide asko berberak direlako.

Kooperatiba handietan nabarmen larriagotzen dira aipatu ditugun oztopo operatibo horiek. Oro har, esan dugunez, sistema demokratikoek duten arazo berbera da, bertan «demokrazia zuzena» gero eta zailagoa izanik dagokion hiritar esparrua zabaltzen den neurrian[107]. Organoko kide kopuruak eta bilerok gutxitan egiteak ezinezkoa egiten dute sakonki aztertzea konplexuak edo teknikoak diren gaiak eta, horrela, organo hau sozietate-erabaki handietan, hala nola administrazio-organoaren izendapen eta jarraipenean, kokatzen da batez ere.

Edonola ere, Batzar Nagusia, bazkideen bilera eta bazkideen nahiaren adierazpena izanik, kooperatibaren organo «berjabe»tzat jo daiteke. Legediak —edo, zeharbidez, estatutuek— ematen dizkion aginpideetatik aparte, gainerako organoak izendatzeko duen gaitasunaren bitartez, organo horiek dituzten gainerako aginpideetan eragin zuzena du Batzar Nagusiak. Egia da, legediaren arabera, baliogabeak direla Batzar Nagusiak hartutako erabakiak Errektore Batzordeari gordetako aginpideen esparruaren barruan badira. Hala ere, kooperatiben errealitatean, erabaki horiek hartzeko orduan, Errektore Batzordeak jakin badaki nolabait, zuzenki ala

106. Ziur asko, Paz Canalejo-k (2002: 131) kooperatiba handiez ari da hauxe dioenean: «Nahiz eta batzuetan jarrera kritikoa duten bazkideen helburu demagogikoak azaldu, Batzar Nagusiaren errealitatean, gehienetan, ez da sartzen Errektore Batzordearen aginpide-esparruaren barruan, azken horrek etekin onak edo onargarriak aurkezten baditu».

107. Hauxe dio N. Paz Canalejo-k (2002: 119): «Kooperatiba handietan, muga hauek... nabarmen handitzen dira eta, gainera, batzarren bilakaera oztopatzen duten muga berriak azaltzen dira: bileren ekonomia-kostua (batez ere prestatzeko aurreko batzarrak badaude —makrokooperatibetan egokia den moduan—) eta kritikoak diren bazkide gutxi batzuek eta hizlari onak diren beste batzuek —askotan sortzen dira bazkideen artean— oso erraz jar dezaketela zalantzatan edo arriskuan (minutu gutxi batzuetan) kritika demagogikoaren bidez, aurreko urte osoan zehar Errektore Batzordeak egindako lan nekeza eta etengabea. Batzar handi horien beste muga da zelako erraztasunez gutxiengo batzuen balizko abusuek (erreakzio moduan) bileraren Lehendakariaren gehiegikeriak sorraraz ditzaketen edo, gutxienez, batzarraren erritmoan, bilakaeran eta erabakietan aldaketak sortu, zenbaitetan Batzar Nagusiaren beraren eduki eta ondorioak ondoratu arte».

zeharbidez, bazkideen multzoen iritzia —eta, azkenean, Batzar Nagusiarena— kontuan hartu behar duela batzarraren zentsura-mozioa alboratu nahi badu edo berriz aukeratua izan nahi badu.

Jakina, Errektore Batzordean Batzar Nagusiak duen eragin hori askoz handiagoa da kooperatiba txikietan handietan baino. Oso argi dago, kooperatiba handietan Batzar Nagusiaren eta Errektore Batzordeen ordezkatze mailen artean dagoen gero eta desproportzio handiagoaren ondorioz, organo bion arteko harremanetan gero eta urruntasun handiagoa sortzen dela.

Bestaldetik, osaketa zabala duen Batzar Nagusi batek zailtasun handiagoak ditu antolatzeko eta berezko iritziak izateko, Errektore Batzordetik eta kooperatibaren zuzendaritzatik bideratzen direnetatik ezberdinak. Epe ertainera, bazkideen parte-hartze txikiagoaren irudia sortzeko joera sortzen da. Eta irudi hori —gai giltzarria dena, dakigunez, kooperatiba ertain eta handien agintean— oso kontuan hartzekoa da kooperatibaren egitura eta agintea arautzeko orduan.

5.8. ORDEZKO JARDUTE-SAILAK EDO ORGANOAK

Batzar Nagusiak dituen arazo operatiboen ondorioz, zenbait legeditan, beste mota bateko organoak sortu dira, erabakigarriak edo zaintzakoak. Errealitatean, organook Batzar Nagusia bera ordezkatzen dute batzarrak erabili ezin dituen edo erabili behar ez dituen zenbait aginpidetan.

Organook, honelakoak izan ohi dira:

a. Zigor Batzordeak

Hauen helburua Batzar Nagusia ordezkatzea da zigor-aginpideetan (gehienetan Errektore Batzordeak hartutako erabakien aurkako helegiteen kasuan)

b. Zaintza Batzordeak

Errektore Batzordearen jarduera zaindu edo kontrolatzeko sorturiko batzordeak, arau- edo kontularitza-ikuspegi batetik.

Zigor Batzordeak interes handikoak dira kooperatiba ertain edo handietan (Batzar Nagusiak legalki dagozkion eginbeharrak betetzeko dituen zailtasunak egiaztatuz). Alderantziz, Zaintza Batzordeek ez dute betetzen dagokien eginkizuna, askotan jasotzen duten berjabetasunik ezagatik. Horretarako izendatutako banako bazkideak, gehienetan, gai horretan aritzeko duten denbora faltagatik, kikilduta sentitzen dira benetako iritzi berjabea eman ahal izateko. Geure inguruko legeetan, dagokien urteko kontuen zaintza jarri da zalantzatan gehienbat, itxurakeria hutsa baino ez dela izaten, salbuespenak salbu[108]. Kooperatiben errealitatean, zentzurik ez duen zama operatibo bihurtu dira.

Edonola ere, Zaintza Batzorde hauei buruz ondokoa esan dezakegu:

- Horrelako kontuen zaintzarako organoak ez lirateke derrigorrez ezarri beharko.
- Horrelako organook legez ezarriz gero, ahalbidetu beharko litzateke neurri batean edo oso-osorik bazkideak ez diren kideek osatzea (baita kanpoko ikuskari edo aholkulariek ere, batez ere, derrigorrezko ikuskaritzak egin behar ez dituzten kooperatibetan).
- Teorian, horrelako batzordeak Batzar Nagusiak Errektore Batzordea zaintzeko interes handiko tresna izan daitezkeela esan da, batez ere, oso eragileak ez diren edo ordezkatze mailarik ez duten batzordeak dituzten kooperatibetan. Hala ere, ordezkari eragileak lortzeko arazo berberak sortzen dira horrelako Zaintza Batzordeak osatzeko orduan. Batzar Nagusia ordezkari eragile eta berjabeak izendatzeko gai bada, gauza bera lor dezake Errektore Batzordearen bitartez.

Azken finean, gehienetan, Zaintza Batzordeok ez dute lekurik topatzen Batzar Nagusiaren eta Errektore Batzordearen artean, sortzen duten kostua oinarritzeko.

Kooperatiben errealitatean, organo hauek sortu behar izateak Errektore Batzordearen jarduera eskasa edo ezegokia baino ez du adierazten. Errektore Batzordeak kontuen jarraipen eta zaintza eraginkorraren ardura hartu beharko luke eta, horretarako, behar izanez gero, kanpoko aholkularitza berjabea erabil daiteke edo, bestela, batzordean sorturiko azpibatzorde bat horretarako sortu[109].

---

108. Hauxe da N. Paz Canalejo-ren iritzia (2002: 150): «Honen betebeharren benetako egikaritzea bi muturren artean kokatzen da: edo kontuen eta oinarrizko dokumentuen (fakturak, ordainagiriak, banka idatzien zerrendak, etab.) azterketa zehatza—kargu horien titularrek gogoa, kontularitza-prestakuntza eta interesa dituztenean— mutur batean; edo sozietatearen finantza-kontuei buruzko ohikeriazko txostena izenpetzea beste muturrean».

109. Kooperatiba oso handietan interes handikoa izan daiteke Batzar Nagusiak izendatutako batzorde batek bazkideen eta Errektore Batzordearen artean dagoen hutsunea betetzeko ardura hartzea. Adibidez, kapital-sozietate handietan, Batzar Nagusiak izendaturiko «Bazkidearen Batzorde Aholkularia» sortzea proposatu zen. Batzorde horrek Batzar Nagusiari aurkeztu behar zaion urteko txostenean enpresari buruzko bere iritzi eta aholkuak jasotzeko aukera izango luke.

5.9. ADMINISTRATZAILEAK BATZAR NAGUSIAN IZENDATZEA

Batzar Nagusiak gordeta dituen eginkizunen artean, Errektore Batzordeko kideak izendatzekoa azpimarratu behar da, duen garrantziagatik.

Kooperatibaren agintean duten partaidetza eraginkorra dela ziurtatu nahi duten bazkideek Errektore Batzordeari begiratu behar diote, bai eta horren osaketari eta horrek aztertzen eta prozesatzen dituen gaiei ere. Azken finean, batzordeak dagokion lana egiten duela ziurtatu behar da. Horretarako, ziurtatu behar da pertsona egokiek osatzen dutela batzordea, pertsonok gai egokietan zentratzen direla, eta dituzten egitura eta eginbideak gai egiten dituztela galdera egokiak egiteko eta erantzun egokiak lortzeko. Hauxe da agentzia-kostuak sortzen dituen kostuen arazoei erantzuteko dagoen erarik eraginkorrena, bazkideek zaintza maila egokia egikaritzeko biderik eraginkorrena (Monks eta Minow, 1995: 182).

(Aurrerago ikusiko dugunez, izendatzeko gaitasun honek aldagaiak ditu eta, zehazki, bigarren mailako kooperatiben Errektore Batzordearen kasuan. Azken horretako kide batzuk, Batzar Nagusiaren erabakiaren bidez izan gabe, gainerako kontseilukideen erabakiz izan daitezke izendatuak)[110].

Errektore Batzordeko kideak izendatzeko eginbideak kooperatiba askotako agintea eratzeko giltzarria dira. Bazkideek zein puntutaraino hartzen duten parte hautagaiak proposatzen, aukeratzen eta proklamatzen organo administratzailearen ordezkaritza-gaitasunerako funtsezko faktorea da, kooperatiba handietan batez ere.

Askotan, batzordekideen izendapena Errektore Batzorde beraren aurreko proposamen batean oinarritzen da —zerrenda ireki edo itxien bitartez—. Batez ere mailegu- edo kontsumo-kooperatiba handietan oso zaila da Batzar Nagusian bildutako bazkideentzat proposamen hori aztertu eta balioestea. Horren ondorioz, zenbait kasutan, «bere burua izendatzeko» prozesuan oinarritzen da Errektore Batzordearen hautaketa. Horrela, pertsona talde baten esku gelditzen da kooperatiba —zuzendaritzarekin harremanetan egon ohi direnak—, Errektore Batzordea kontrolpean edukita, haren berriztapena ere kontrolpean dutenak.

Geldotasun-jokabide hori, jakina, mailegu- edo kontsumo-kooperatiba handietan aurkitu ohi da, bazkideek ez dutelako interes handirik kooperatibaren jardueran. Hala ere, antzeko zerbait gerta daiteke beste kooperatiba batzuetan, nahiz eta interes hori egon, konfiantza handia dagoelako kooperatibaren kudeatzaileen gaitasun eta zintzotasunean. Konfiantza horren ondorioz, bazkideek ez dute beharrezkotzat jotzen hautagaiak proposatzeko eta aukeratzeko prozesuan zuzenki parte hartzea.

---

110. Euskadiko Kooperatiben Legearen 131.2 azpiatala: «Hautaturiko artezkariek, estatutuetan zilegi bada, artezkaritza-kontseiluaren kideen herena, gehienez, izenda dezakete giza lagun adituen artetik, taldeko kooperatibetako kide izan ala ez berdin diolarik».

Horra hor zergatik, kapital-sozietateetan gertatu den moduan, kooperatibetan ere hautagaiak aurkezteko prozesuaren berezko araupena proposatu den, aurkezpen hori horretarako eraturiko Izendapenen Batzordearen esku utziz.

Kooperatiben artean aurkitzen dugu, orobat, Izendapenen Batzorde hori sortzeko gaitasuna ez dagokiola Errektore Batzordeari, baizik eta Batzar Nagusiak izendaturiko beste organo batzuei: kooperatiben zenbait legeditan dauden Helegite Batzorde edo Zaintza Batzordeei[111].

Batzuetan esan da kudeatzaileen eta bazkideen arteko konfiantza-harreman horren ondorioa dela kooperatibetan ohikoa den hau: Batzar Nagusiaren gehiengoaren esku gelditzea Errektore Batzordeko postu guztiak. Egiaz, oso zaila da kooperatiben legeetan edo arauetan gutxiengoan dauden bazkide taldeen ordezkaritza —edo bazkide talde ezberdinen ordezkaritzaren proportzionaltasuna— ziurtatzeko bideratuta dauden arauak aurkitzea. Bestaldetik, egon badaude estatutuetan —bazkide mota ezberdinak daudenean— mota bakoitzaren ordezkaritza Errektore Batzordean ziurtatzeko arauak, baina ez da ikusten interes handirik batzordearen eta Batzar Nagusiaren arteko boto-proportzionaltasuna gordetzeko.

Zenbait kasutan, Batzar Nagusian dauden bazkide batzuek ez dute —estatutuen arabera— ordezkaritzarik Errektore Batzordean. Hori gertatzen da batzuetan diru-ezarleen edo jardunik gabeko bazkideen kasuan.

Beste batzuetan, batzordeko zenbait kide bazkide mota zehatz batekoak izan behar direla onartzen da baina —nahiz eta harrigarria izan— batzordekide horien aukeraketa ez da uzten bazkide talde horren esku, baizik eta Batzar Nagusiaren gehiengoaren esku, estatutuak hitzez hitz interpretatuz baina inongo logikarik gabe[112].

Batzordekideak izendatzeko orduan garrantzi handia du erabakia hartzeko behar den informazioak[113]. Informazio-esparru funtsezko bi daude:

---

111. N. Paz Canalejo-k (2002) proposatu du «berjabeak diren batzordekide» gisa hautagaiak aurkezteko organo hauek zuzenki parte hartzea.

112. Horra hor zergatik 1/2000 Legeak aurreko Euskadiko Kooperatiben Legearen 41. atala aldatu zuen, ondokoa ezarriz:

> Legeko 45. artikuluko 4. zenbakian aurreikusitakoaren arabera kooperatibako Artezkaritza-kontseiluan postuak gorde badira, estatutuetan kontrakorik esan ezik, kasuan kasuko bazkide-talde bakoitzak dagokion artezkari-kopurua Batzar Orokorrean zuzenean hautatzeko eskubidea izango du, kontseiluko beste kideak hautatzen parte hartu gabe.

113. Interes teknikoa duten beste gai batzuk egon badaude. Horien artean, batzordekideak urtero berriztatzearen edo 4 edo 5 urterako izendatzearen arteko aukera, edo batzordekideak aukeratzeko orduan isilpeko botoa erabiltzearen abantailak eta desabantailak. Hori dela-eta, ik. Monks eta Minow-ek (1995: 194-196) egiten duten hausnarketa interesgarria.

a. Hautagaiaren ezaugarri pertsonalei buruzko informazioa.

Alderdi hau oso zail da eskuratzen kooperatiba handietan, horretarako bereziki bideratutako eginbideak ez badira ezartzen.

b. Berraukeraketa proposatzen denean, hautagaiek batzordekide gisa izan dute jokabideari buruzko informazioa.

Alde horretatik, interes handikoa izan daiteke zenbait kooperatiba eta kapital-korporazio (Monks eta Minow, 1995: 142) handik indarrean jarri duten jarraipenerako metodologia. Labur esanda, honako erreferentziok neurtzen dira:

- Ea batzordekidea bileren % 75era bertaratu den.
- Batzordekideak duen kapital kopurua (eta jardueran duen parte-hartzea edo lanpostua kooperatiben kasuan).
- Batzordeko zein azpibatzordetako kide den.
- Enpresarekin beste mota bateko ekonomia-harremanak dituen.

5.10. INDAR-OREKA BERRIA

Kooperatiba handien errealitatearen ondorioz, eta errealitate horrek Kooperatiben Legedian izan duen eraginaren ondorioz, azkenean, kooperatiba handi eta ertainetan indar-oreka berria sortu da kooperatibako organoen artean. Oreka horren ondorioz, erakundearekin loturiko erabaki handietan baino ez du parte hartzen Batzar Nagusiak eta, bestaldetik, Errektore Batzordea kooperatibaren administrazio osoaren arduradun bihurtzen da.

Kooperatiba handi batzuetan, zenbaitetan, bazkide talde batzuen kexuak izan dira Batzar Nagusiaren aginpide-esparruaren murrizketaren inguruan. Egia da, orobat, 1993ko Euskal Legeak Batzar Nagusiaren aginpide-esparrua derrigorrez murrizteak zalantza eta beldurra sortu zuela. Hala ere, kooperatiben errealitatean ez du ematen arazo handirik sortu denik eta nahiko sendotuta dago Batzar Nagusiaren aginpide-esparrua mugatzearen interesa. Mugatze horrek, bestaldetik, nahiko logikoa ematen du, antolaketa- eta erakunde-ikuspegitik, kooperatiba ertain eta handietan.

Oro har, lan-kooperatibetan, bazkideek onartzen dute Batzar Nagusia dela organo egokia bazkideen nahia adierazteko. Bestelako kooperatiba handietan zalantza handiagoak daude ordezkaritzarako gaitasun horretaz[114], bazkide erabiltzaileek, kontsumitzaileek, etab… duten parte-hartzerik ezaren ondorioz, askotan,

114. N. Paz Canalejo-k (2002: 14) lankidetza ahultzen duen jokabidetzat hartzen du «Batzar Nagusiaren balizko ekarpenen aurreko nolabaiteko prebentzio edo, gutxienez, sinesgabetasuna».

oso bazkide gutxi bertaratu ohi da Batzar Nagusietara, aztertu behar diren gaiak ez dira ezagutzen, etab.

Esan dugunez, horrelako batzarretan gertatzen dena, akziodun geldoekin kapital-korporazio handietan gertatzen denaren antzekoa izan daiteke. Kooperatibetan, horren arrazoia kooperatibaren kudeaketaren eraginkortasunean dagoen konfiantzaren ondorioa izan daiteke edo, askotan gertatzen den moduan, kooperatibaren jardueran dagoen parte-hartzerik ezagatik, Batzar Nagusietara bertaratzeko behar den gutxieneko interesik ez egotearena (hori bai, garrantzi handikoa da kontuan hartzea Batzar Nagusira bertaratzeko interesik ez izatea ez dela beti jardueran interesik ez izatearen ondorioa; askotan, aztertzen diren gaiak formalak baino ez izatearen, kudeatzaileengan dagoen konfiantzaren edo bozketen emaitzen aurrean dagoen zalantzarik ezaren ondorioa da).

Azken kasuotan, aztertu behar dena hauxe da: ea bazkideok, parte-hartze eta interesa horren txikia dutenak, bazkide-izaera eskuratu behar dutenetz.

Akziodun geldoen kasuan, behin eta berriz aipatu da botorik gabeko akzioak (edo antzekoak diren beste arrisku diru-ezarpenak) izan daitezkeela akziodun hauentzako irtenbide egokiena, batzarretako boto-eskubidea zaintzarako akziodunen esku edo beste mota bateko erakundeko diru-ezarleen esku ere utziz.

Zenbait kooperatiba handitan ere, bazkide erabiltzaile edo kontsumitzailearen izaera dutenek «harpidetzailea» edo antzekoa den izaera hartzea izan daiteke irtenbidea, kontsumitzaile edo erabiltzaile gisa harreman iraunkorra izanda, baina, hori bai, boto-eskubiderik gabe. Egia da zenbait kasutan interesgarriak izan daitezkeela irtenbideok. Hala ere, boto-eskubideak duen eragin pizgarria kontuan hartu behar da, egiturazko arazoak sortzen ez baditu, kontsumitzaile edo erabiltzaileok gero eta parte-hartze handiagoa eskuratzeko bidean.

Hala eta guztiz, boto-eskubidea erabiltzeko benetako interesik ez duten taldeei eskubide hori emateak arazo larriak sortzen ditu bai sozietatearen ikuspegitik bai eta erakundearen ikuspegitik ere. Kooperatiben errealitatean, adibidez, behar den erakundezko zaintza mailarik ez izatea da, behin baino gehiagotan, horren ondorioa. Zaintza-eginkizun hori egiteko benetako interesa duena egin behar dugu bazkide edo, gutxienez, sozietate-eskubideak erabiltzeko interesa izateko benetako aukerak dituena. Kooperatiba hauen errealitatean, hauxe da ondorioa: nolabait zaindu behar da zein taldek izan behar duten bazkide-izaera eta, talde bat baino gehiago izanez gero, zein proportziotan.

Horrelako egoeretan honako irizpide hauek hartu behar dira kontuan:

- Zenbait kasutan, nahiz eta bazkideek interes handirik ez izan, kudeaketaren eraginkortasuna denbora luzez irautea posible da.

– Bazkideen gutxieneko interes hori lortzea ez bada bideragarria, sakonki aztertu behar da kooperatibaren helburuak interes hori sortzeko gai diren jarduera berrietara bideratzea[115].

– Jardueraren birbideratze hori ere ez bada bideragarria, jardueran interes handiagoa duten beste mota bateko stakeholderrek sozietatean parte hartzeko aukera aztertu beharko litzateke. Horrelako zerbait egin da geure inguruan, Eroski kooperatibetan zehazki, oso ondorio onekin, langileak enpresaren jabetzan inplikatuz.

Oinarrizko irizpideon arabera —kooperatibaren osaketari berari dagozkionak— ondokoak izan beharko lirateke kooperatiben helburuak:

– Kooperatibaren jardueran gutxieneko interes maila edo parte-hartzea duten bazkideak izatea.

– Bazkide horien taldeko nahiak eratzeko orduan, baterako nahi hori modu eraginkorrean bideratu eta nahi bada, beharrezkoa da Batzar Nagusiaren erabaki-ahalmenak mugatzea[116].

– Batzar Nagusiaren osagarriak diren beste tresnak aztertu eta diseinatu, bazkideengandik eta bazkideengana informazioa bideratzeko, bai eta iritzien sormen eta elkarri trukatze eraginkorra ere. Hori dela-eta, ondokoa hartu behar dugu kontuan:

a. Kooperatiben errealitatean dauden eta ezagunak diren tresnak[117]: Ordezkarien Batzarrak, erreferendumak[118], etab.

b. Informazio-teknologia berriek sortzen dituzten aukerak.

c. Bazkide multzo handietan batez ere, arlo sozio-politikoan garaturiko tresnak taldeko nahia bideratzeko. Tresnok erabiliak izan dira gizarte-ekonomiako zenbait enpresatan iritzi-taldeak, hautagaitzak, ordezkaritza zuzenak eta zeharbidezkoak, etab. antolatzeko.

---

115. "The Co-operative advantage" delako txosten interesgarri horrek eginbehar hau onartzen du betiko jarduera esparruetan kokaturiko kooperatiben egoera zaila eta etorkizuna duten jarduerek kooperatiba izaera hartzearen garrantzia ere behin eta berriz aipatzean.

116. «Batzar Nagusiari garrantzi handiena duten gaiak gorde behar zaizkio eta administratzaileei erabakitzeko aginpide zabalak eman, bazkideen beharrak eta interesen zerbitzuan modu onenaren esparru eta helburuarekin (hori baita kooperatiben ekimenaren mamia)» (Paz, 2002: 120).

117. "The Co-operative advantage" delako txostenak hauxe dio: «Kooperatiba batzuek... zenbait urrats eman dute modu arrakastatsuan hauteskundeetan parte-hartzea handitzeko, posta bidezko botoen bidez, eta kide kopurua modu nabarmenean handitzeko ere. (...) Horrelako ideia eta eztabaidak aurrera eraman behar dira modu orokorrean kooperatiben mugimenduan».

118. Erreferendum-aukera hori "The Co-operative advantage" txostenak ere aipatzen du, 25.1 gomendioan.

Idazleek proposaturiko zenbait gai operatibo, arauetan ere —lege edo estatutuen bidez— ezartzeko aukera aztertu beharko litzateke. Horietako batzuk zalantzatan jarri dira eta helburutzat dute «bazkide geldoaren» botoak garrantzi handiagoa izatea Batzar Nagusian:

a. Ohikoa da boto-ordezkotzarako aukerak oso mugatuak izatea kooperatiben Batzar Nagusietan. Mantendu behar dugu irizpide hori? Idazle batzuek kasu zehatzetan ordezkotzarako muga horiek zabaldu behar direla esan dute (Paz Canalejo-ren kasuan «gehien kooperatzen duten bazkideen alde»). Orain indarrean dauden mugek zailago egiten dute batzarretan iritziak eratzea. Batzuetan esan da botoa ordezkotzan uztea boto-eskubidea erabiltzeko betebeharraren aurreko «utzikeria» dela. Hala ere, jakina, utzikeria handiagoa da ez bertaratzea. Zergatik orduan oraingo muga horiek? Iritzi-taldeak eratzeko erraztasuna handitzeari beldurragatik izango da? Azken finean, izango al da Batzar Nagusiaren aurrean dagoen aipaturiko beldur edo mesfidantzaren beste aztarna bat?

b. Zentzu berean, ahalbidetu behar al da botoaren sindikazioa kooperatiben batzarretan?[119]

c. Ahalbidetu behar al da posta bidezko botoa?[120]

Itxurazko demokraziaren arabera, tresnok bultzatu beharko genituzke nahitaez. Hala ere, ez dugu ahaztu behar hainbeste kooperatibetan dagoen bazkide geldoaren arazo multzoa. Zuhurtasunez jokatu behar dugu horri buruz. Bazkideen sakoneko interesa ez badugu indartzen, horrelako tresnak ezartzearen ondorioa hauxe izan baitaiteke: boto geldoak kooperatiban indarrean dauden botereguneek lehen baino gehiago erabiltzea berezko interesen alde.

Sakoneko beste galdera hauxe da: zer egin behar da kooperatiba handietan iritzi-taldeei dagokienez? Bultzatu behar dira ala, alderantziz, ahal den neurrian murriztu?[121]

Kontsumo- edo mailegu-kooperatiba handien kudeatzaileek ihes egin ohi dute iritzi-taldeetatik, aipatu ditugun arrazoiengatik. Hala ere, egiturazko beste irtenbiderik ezean, bazkide talde handien benetako parte-hartzea lortzeko bide bakarra izan daitezke iritzi-taldeak.

---

119. Sindikazioaren alde agertzen da Paz Canalejo (2002: 135) «baina inoiz ez legez isilpeko botoaz bideratu behar diren gaietan».

120. Paz Canalejo (2002: 135) argi eta garbi azaltzen da posta bidezko botoa argi eta garbi debekatzearen alde.

121. Kontuan hartu behar da iritzi-taldeak zuzenki indartzeko bideraturiko neurrietatik aparte, Batzar Nagusiaren gutxiengoen eskubideak babesten dituzten neurriek —erabakitzeko edo botere berezko kuotak gordez— ere iritzi-taldeen eraketa errazten dutela.

Beste gai bat da, idazle batzuek diotenez, Errektore Batzordearen aginpideak zabaltzen badira Batzar Nagusiaren aurrean, arauzko edo estatutu bidezko beste neurriak erabili behar ote diren egoera berria orekatzeko.

Neurri horien artean, adibidez, Errektore Batzordeak Batzar Nagusiaren aurrean ematen duen gestio-txostenari garrantzi handiagoa ematea. Ziur asko, ohiko Batzar Nagusien funtsezko puntu bihurtu behar da hau.

Beste mota bateko neurriak proposatu dituzte beste idazle batzuek. Adibidez, «ezohikoak diren gestio-erabakiak» kontzeptua argitzea; horiei buruz Errektore Batzordeak Batzar Nagusiaren aurreko txostena egin beharko lukeela, edo Batzar Nagusiaren aurrean «kudeaketa-ikuskaritza» bat aurkeztea ere (Paz, 2002: 135).

Bibliografia

Arruñada, B. (1998): *Contractual Theory of the Firm*, Marcial Pons, Madril.

Ballestero, E. (1990): *Economía social y empresas cooperativas*, Alianza Universidad, Madril.

Berle, A. eta Means, G. (1932): *The Modern Corporation and Private Property.*

Domar, E. D. (1966): "La Granja Colectiva Soviética como productor cooperativo", *Revista Estudios Cooperativos* 1968, **15**, 37-60.

Drucker, P. F.(1995): *The Pension Fund Revolution.*

Eguidazu, S. (1999): *Creación de Valor y gobierno de la empresa en España*, Gestión 2000, Madril.

Eisenberg, M. A. (1989): "The structure of Corporation Law", *Columbia Law Review*, **89**, 1.461.

García Gutierrez, C. (1999): "Economía financiera de las Sociedades Cooperativas (y de las organizaciones de participación)", in *Sociedades Cooperativas: régimen jurídico y gestión económica,* Ibidem ediciones, Madril, 229-285.

Graham, B. eta Dodd, D. L. (1934): *Securities Analysis: Principles and Techniques,* MacGraw-Hill, New York.

Hansmann, H. (2000): *The Ownership of Enterprise*, Harvard University Press.

Heflebower, R. (1980): *Cooperatives and Mutuals in the Market System*, University of Wisconsin Press.

Helmberger, P. G. eta Hoss, S. (1965): *Cooperative bargaining in agriculrute: Grower processor market for fruits and vegetables*, Technical report, University of California, Division of Agricultural Sciencies.

Hetherington, John A. (1991): *Mutual and Cooperatiive Enterprises: An Analysis of Customer-Owned Firms in the United States*, University of Virginia, Charlottesville.

Jensen, M. C. (2000) : *A theory of the Firm: Governance, Residual Claims and Organizational Forms*, Harvard University Press, Cambridge.

Lepage, H. (1978): "Autogestion et Capitalisme", *361 Revue Economique*, **2**, Masson, Paris.

Manning, B. (1958): "Review of The American Stockholder: J.A Livingstone", *The Yale Law Journal*, **67-8,** 1.477.

Maurice, Ferguson eta Phillips (1992): *Economic Analysis: Theory and Application*, McGraw-Hill, US.

Meade, J. E. (1972): "The theory of Labor-Managed firms and of Profit-Sharing", *Economic Journal*, **82**, 402-428.

Monks, R. A. G. eta Minow, N. (1995): *Corporate Governance*, Blackwell Publishing, Cambridge.

Morales Gutierrez, A. C. (1996): *Ineficiencias del mercado y eficacia de las Cooperativas*, Ciriec-España, Valentzia.

Ozaki, R. (1991): *Human Capitalism: The Japanese Enterprise System as World Model*, Kodansha America, New York.

Paz Canalejo, N. (2002): *La Sociedad Cooperativa ante el reto de los mercados actuales: un análisis no sólo jurídico*, Ministerio de Asuntos Sociales, Madril.

Porter, M. E. (1992): *Capital Choices: Changing The Way America Invests in Industry*, A Research Report Presented to The Council on Competitiveness and Co-sponsored by The Harvard Business School, Boston.

Pound, J. (2000): *The promise of the governed Corporation*, Harvard Business Review on Corporate Governance, Harvard Busines School Publishing, Boston, 79-103.

Regan, E. (1992): *U.S. Competitiveness: Financial Markets and Corporate Governance,* Synopsis of Remarks Delivered at the Conference on Global Views on Performance Measurement, Financial Executives Research Fund, Dallas, December 16.

Turnbull, S. (1994): "Competitiveness and Corporate Governance", *Corporate Governance: An International Review*, **2**, 2. bol., 90-116.

Turnbull, S. (1991): "Re-inventing Corporations", *Human Systems Management*, IOS Press, **10-3**, 169-186.

Vanek, J. (1970): *The General Theory of Labor Managed Economy*, Ithaca, Cornell University Press, New York.

Ward, B. N. (1958): "The firm in Illyria: Market Syndicalism", *American Economic Review,* **48**, 566-589.

Wilson, E. O. (1998): *Consilence: the unity of knowledge*, Alfred A. Knopf, Inc., New York.

Sailean argitaratu diren beste liburu batzuk

Kooperatiben Zuzenbidea. Oinarriak

Adrian Zelaia
1996an argitaratua
ISBN: 84-84967-74-0

Kooperatibak Euskal Herrian

Adrian Zelaia
1997an argitaratua
ISBN: 84-84967-88-0

Enpresa-Taldeak

Adrian Zelaia
1998an argitaratua
ISBN: 84-84967-89-9

Publizitate Zuzenbideko eskuliburua

Elena Leiñena eta Nerea Irakulis
2006an argitaratua
ISBN: 84-8438-083-1

Zuzenbidea Sailean Uztaro aldizkarian argitaratu diren artikuluak

Autodeterminazio eskubidea eskubide kolektibo gisa: eskubide teorien erronka
Abalde Cantero, Oscar, *Uztaro* **36**, 73-92.

Uruguaiko etorkinak eta aplikagarri zaien errealitate arauemailea: zenbait ohar kritiko
Abalde, Oscar, *Uztaro* **64**, 109-125.

Informatika juridikoa: obligazio-zuzenbidean egindako aplikazioa
Alkorta, Itziar; Lizaso, Pili, *Uztaro* **4**, 163-182.

Atzerritarrak lan zuzenbideko ikuspegitik
Bengoetxea, Aitor, *Uztaro* **6**, 125-141.

Europako Itun konstituzionalak eskubide gabe utzi ditu hizkuntza-komunitate ugari
Bilbao, Paul, *Uztaro* **58**, 105-118

Emakumezkoak soldatan diskriminatuak ez izateko eskubidea
Fernández, Aranzazu, *Uztaro* **10**, 123-144.

Nahitaezko eskurapena landa-akurapenetan jabetza eskuratzeko eskubidea
Karrera, Mikel M., *Uztaro* **6**, 143-164.

Euskal Herriko foru-zuzenbide zibilari buruzko legea: Gipuzkoaren egoera
Karrera, Mikel M., *Uztaro* **14**, 127-147.

Konstituzioaren kontzeptua, sorrera eta bilakaera
Lamarca, Iñigo, *Uztaro* **0**, 111-121.

Publizitate Zuzenbidearen egungo egoera
Leiñena, Elena, Irakulis, Nerea, *Uztaro* **57**, 93-104.

Lan harremanentzat erronka berria: lana-kapitala nahasketa
Terradillos, Edurne, *Uztaro* **15**, 141-157.

Atzerritarren eskubideak konstituzio espainiarraren argitan
Urkola, Miren Jasone, *Uztaro* **3**, 123-145.

Schengen-eko Europa Berria: Asilatu- eta errefuxiatu-estatutuaren eskatzaileen egoera
Urtizberea, Igone, *Uztaro* **19**, 65-76.